LOUISE MONTPETIT
577 BEAUSOLEIL
MONTRÉAL QC.
H1A 4G4

Cora Tsouflidou

Déjeuner avec Cora

Libre Expression

Données de catalogage avant publication (Canada)

Tsouflidou, Cora

Déjeuner avec Cora

Autobiographie

ISBN 2-89111-952-5

1. Tsouflidou, Cora. 2. Chez Cora déjeuners (Firme) – Histoire.
3. Chaînes de restaurants – Québec (Province) – Histoire.
4. Petits déjeuners. 5. Restaurateurs (Alimentation) –
Québec (Province) – Biographies. I. Titre.

TX910.5.T76A3 2001   647.95'092   C2001-941092-1

Quoique les personnes évoquées dans ce récit soient bien réelles, leurs noms et certains faits ont été modifiés en vue de protéger leur identité et leur vie privée.

Chez Cora déjeuners, Casseroles Cora et Cora's et leurs logos sont des marques déposées de Coramark inc. utilisées avec son autorisation.

Maquette de la couverture
FRANCE LAFOND
Infographie et mise en pages
SYLVAIN BOUCHER

Libre Expression remercie le gouvernement canadien
(Programme d'aide au développement de l'industrie de l'édition),
le Conseil des Arts du Canada, le gouvernement du Québec (Programme
de crédit d'impôt pour l'édition de livres – Gestion SODEC) et la Société
de développement des entreprises culturelles du soutien accordé
à ses activités d'édition dans le cadre de leurs programmes
de subventions globales aux éditeurs.

Éditions Libre Expression
2016, rue Saint-Hubert
Montréal (Québec) H2L 3Z5

Dépôt légal :
3ᵉ trimestre 2001

ISBN 2-89111-952-5

Je dédie ce récit à tous les gens de Chez Cora déjeuners, plus spécialement à mes premiers clients de Côte-Vertu qui ont eu la bonté de m'accepter comme leur nouvelle cuisinière du matin.

1

Les ancêtres venus d'ailleurs

Je suis née à Saint-Charles-de-Caplan, dans le comté de Bonaventure, à l'endroit précis où le ventre de la Gaspésie renfonce lorsqu'on pointe du doigt notre village sur une carte géographique du Québec.

— C'est parce que toute l'eau de la baie lui rentre dans le corps, déclare mon frère Jérôme en se tapant la bedaine de contentement. Vous autres, les filles, vous connaissez ben rien!

Je sais pourtant que c'est ici que ma mère est née, dans la grosse maison blanche du grand-père, juste à côté de chez nous, et que le tonnerre est tombé sur un des peupliers du parterre quelques jours après son mariage avec mon père.

Nos parents ne prennent jamais le temps de nous raconter l'histoire de nos aïeux; mais, à force de questionner, Jérôme affirme qu'ils sont venus de la lointaine Allemagne, pour les Bernard, et de Belgique, pour les Mussely. J'apprendrai par moi-même, beaucoup plus tard, que notre lignée a vu le jour le 1er octobre de l'an 1800, à Heule, en Belgique, lorsque l'ancêtre Joseph Petrus Mussely se décide à sortir du ventre de sa mère et grimpe au sommet de la pyramide d'onomatopées me tenant lieu de dynastie. En 1841, Petrus épouse damoiselle Ida Messely, qui lui donnera huit enfants, dont deux garçons appelés à jouer un rôle particulièrement important dans le récit de mes origines.

Le premier, Henry-Joseph, né le 17 avril 1852, devient père rédemptoriste et est envoyé au Québec comme missionnaire, à l'âge de trente-trois ans. Il y dirige plusieurs missions et se retrouve, en 1890, à sillonner comme prêcheur les paroisses du littoral de la baie des Chaleurs. On raconte que, déjà à cette époque, le développement de la Gaspésie accusait un retard marqué par rapport à d'autres régions canadiennes. Lorsque Henry-Joseph rencontre le premier ministre Honoré Mercier, qui est aussi le député du comté de Bonaventure, celui-ci le sollicite pour essayer de convaincre des Belges flamands à immigrer en Gaspésie. Mercier — qui vient de créer le ministère de l'Agriculture et de la Colonisation, qu'il prend en charge lui-même — croit fermement que le Gaspésien doit défricher la terre et il a entrepris, pour favoriser la venue de colons, de faire ouvrir un chemin à environ quinze kilomètres au nord du littoral de la baie des Chaleurs. Attiré par la colonisation, Henry-Joseph quitte sa congrégation et obtient du ministre Mercier, en plus de la mission de fonder un village au nord de Caplan, une promesse de subvention pour une future filature de lin. Il retourne ensuite dans sa Belgique natale pour y recruter des familles; plusieurs se laisseront séduire par ses discours sur la prospérité du nouveau continent. De retour en Gaspésie, Henry-Joseph fonde une première communauté avec les quelques colons qui se sont déjà installés dans le nouveau rang 7, au nord de Caplan.

Alléché par le succès américain tel que le lui a décrit son frère, Charles Mussely, notre second héros, mon arrière-grand-père, quitte la Belgique en avril 1891 en laissant au pays sa femme, dame Philomène Van Zandweghe, et leurs cinq enfants. Il est accompagné de deux de ses frères, Auguste et Firmin, photographe, et de quelques amis, boulanger, charpentier, boucher et notaire de métier. Plusieurs fermiers belges sont aussi du voyage. Dès leur arrivée en Gaspésie, ces immigrants se joignent à la communauté de Henry-Joseph et y bâtissent une grande maison qui abritera aussi la première chapelle du nouveau village, maintenant nommé Musselyville.

Un an plus tard, dame Philomène se prépare à rejoindre son mari avec les enfants, Augusta, Maria, Bertha, Rachel et le petit Georges, mon futur grand-père, alors âgé de sept ans. Quelques autres familles seront du voyage.

L'équipée de Belges quitte Anvers par traversier le 29 juin à destination de Liverpool, en Angleterre. Ils y arrivent le lendemain et, de là, s'embarquent le même jour à bord du *Oregon Steamer Ship*, en direction du Canada. Le bateau accoste au port de Québec le 12 juillet. Les passagers belges prennent le train jusqu'à Dalhousie, au Nouveau-Brunswick, puis, le lendemain, traversent la baie des Chaleurs en barge et débarquent à Rivière-Caplan le 14 juillet.

Le même jour, ils font le reste du chemin en voiture à cheval et montent dans les terres jusqu'au nouveau village de Musselyville.

Dès la fin de 1891, un scandale met fin au gouvernement d'Honoré Mercier, et on apprend que l'argent promis à Henry-Joseph s'est envolé comme un goéland, avec dans sa grande gueule les projets de culture du lin et de fabrique de toile utilisés pour attirer les Belges. Les nouveaux colons devront plutôt défricher la forêt d'une noirceur à l'autre pour réussir à se bâtir chacun une maison sur cette terre qu'ils surnomment maintenant le Calvaire.

Affligé par la tournure des événements, Henry-Joseph quitte sa paroisse gaspésienne en 1895 pour aller rejoindre des oncles curés installés à Fall River, au Massachusetts. Après son départ, plusieurs des premières familles de Musselyville (rebaptisée Saint-Alphonse-de-Caplan) quittent elles aussi cette terre de Caïn, pour retourner en Belgique ou immigrer aux États-Unis.

Mais Charles, mon arrière-grand-père, est tenace et déterminé. Comme il a déjà une maison pour loger sa famille, il choisit de demeurer en Gaspésie. Le petit Georges grandit donc sur la ferme et devient un beau jeune homme. En septembre 1913, il épouse Cora Pratte, elle aussi enfant de défricheurs. En septembre 1919, le quatrième enfant du jeune couple, mon père, Amédée Rodolphe, arrive en ce monde. Lorsque ce dernier atteint l'âge de douze ans, ses parents quittent la Gaspésie pour se rendre à Timmins, en Ontario, où plusieurs Gaspésiens ont déjà immigré, attirés par l'abondance d'emplois offerts dans les mines.

Mon père revient cependant en Gaspésie à l'âge de vingt et un ans et y épouse, en 1942, damoiselle Paula, la plus belle des neuf filles vivantes de Frédéric Bernard.

Quant à ce grand-père-là, tante Olivette nous a raconté que c'était un orphelin dont le père, pêcheur de morue, n'est jamais revenu du large, et que vers l'âge de quatorze ans, alors qu'il travaillait déjà dans un moulin à scie, il s'est passé le bras droit jusqu'à l'épaule dans une espèce de tordeur mécanique servant à aplatir le bois. C'est ce qui expliquait son bras de marionnette en tissu, qu'il devait soulever avec son autre bras. Malgré ce handicap, grand-père Frédéric a épousé, à l'âge de vingt-deux ans, Joséphine Leblanc, institutrice de Carleton. Il deviendra par la suite shérif de Caplan et vendeur autorisé d'équipements agricoles John Deere.

Je me souviens encore aujourd'hui de la lourde artillerie installée en permanence dans sa cour, comme mandatée pour surveiller les neuf filles du shérif. Pourtant, les belles s'échappent l'une après l'autre, pour suivre des cavaliers de fortune, d'entre lesquels ma mère hérite, à mon avis, du plus valeureux. Mais il est déjà trop tard pour le cœur enflammé de papa, puisque sa belle enseignante a eu le temps de s'amouracher en cachette d'un anglican de New Carlisle que sa religion empêche d'épouser.

Les tantes pies raconteront que ma mère avait cédé à cause du beau col blanc des chemises empesées de mon père. Et que d'ailleurs toute sa garde-robe d'alors indiquait une certaine aisance plutôt difficile à repousser en 1940.

— L'opulence vient peut-être du négoce insolite des métaux anglais, insinuaient les pies. Mais, ici, la famille Bernard a grand besoin d'un gendre bien paré pour en attirer d'autres!

L'aisance convoitée aurait fleuri à des milliers de kilomètres de distance, dans le fin fond des mines du nord de l'Ontario, où la grand-mère Cora essayait de survivre au divorce d'avec son Georges, désormais attiré par la vie de château d'une lointaine parenté de curés américains. Elle y avait ouvert, paraît-il, une confortable maison de chambres et un restaurant particulièrement bien fréquenté par les piqueurs de métal précieux.

Mon père ne nous raconte jamais l'histoire de sa mère obligée de nourrir toute seule sa dizaine de marmots. D'ailleurs, la seule photo de l'ancêtre qu'il nous a été donné de voir est celle d'une bonne vieille grand-mère alerte, habillée à la dernière mode et accoudée, en plein désert du Nevada, sur le flanc rutilant d'une grosse Oldsmobile décapotable, au volant de laquelle est accroché un jeune vieillard attifé à la John Wayne.

— Elle est en voyage de noces, murmure mon père en fixant le buste du président Abraham Lincoln sur le timbre américain de l'enveloppe arrivée en 1953.

Il range ensuite la photo dans le coffre à bijoux que la compagnie de savon pour laquelle il travaille vient tout juste de lui remettre, à la dernière assemblée annuelle, à Montréal, et, avec la photo, tous les autres chapitres d'un récit que personne, selon lui, n'a vraiment besoin de connaître.

Papa préfère élever sa progéniture sur les falaises rouges de la Gaspésie plutôt que dans le jaune douteux des mines ontariennes. Ainsi, les costumes de l'aisance s'effritent un à un et, avec eux, l'espoir que sa dulcinée oublie son protestant. En chaire, les curés glorifient l'agriculture, mais mon père se convertit plutôt au commerce. Pendant qu'au village la maladie se charge d'expliquer officiellement les multiples crises d'angoisse de la nouvelle épousée, il devient commis voyageur. J'ignore tous les autres secrets de mes parents, mais je suppose que certaines parties de leur corps ont eu besoin de compagnie puisque, après leur mariage, ils ont reçu quatre ans d'affilée la « visite des sauvages » leur amenant un rejeton.

2

Saint-Charles-de-Caplan,
dans le comté de Bonaventure

— Nous autres, on est faits pour un petit pain, déclare mon père en 1953.

— Pis faudrait pas s'imaginer qu'on va faire yable mieux que le restant du monde! ajoute ma mère avec sa voix granuleuse de *mater dolorosa*.

Et nous les écoutons, religieusement, du haut de nos neuf, six, quatre et deux ans; elle, parce qu'elle souffre le martyre, enrubannant ses doigts rongés par l'eczéma de bandelettes trempées dans l'eau bouillante javellisée, et lui, parce qu'il ramène l'argent nécessaire au beurre et aux souliers, labourant la péninsule pour y vendre les petits savons de ses patrons anglais. Jeunes enfants, nous macérons dans cette eau des mains malades, ballottés entre le grand-père Frédéric amputé d'un bras et la trâlée de sœurs de ma mère qui nous «épeurent» en racontant que le Bonhomme Sept-Heures rôde sur le toit des maisons de tous les enfants malcommodes de la Gaspésie.

L'autorité religieuse fait souvent l'objet des lamentations de maman; elle parle de l'obligation d'avoir des enfants sans quoi le curé vous montre du doigt à la grand-messe du dimanche. Pour papa, cependant, le seul dieu respectable s'appelle Allan Watson, le grand *boss* de Colgate Palmolive, parce que la paye n'est jamais en retard et parce que plus on vend de caisses de savons, plus le cadeau que l'on reçoit à l'assemblée annuelle a de la valeur; de plus, ce rendez-vous représente l'occasion d'un beau voyage à Montréal, tous frais payés.

— On peut pas gagner son ciel pis s'enrichir en même temps, proclame ma mère en brandissant son poing momifié dans la tornade de vapeur qui s'échappe du chaudron de morue.

— Faut s'contenter de son sort! dit-elle toujours, en découpant dans de vieux draps tout le blanc nécessaire à son infirmerie personnelle.

Elle radote l'histoire d'un Ti-Guy Gendron de Saint-Siméon qui se prenait pour le nombril du monde avec sa cannerie de poulamons.

— C'est-y pas lui qu'on a fini par retrouver raide mort, gelé comme un creton, dans sa barge immobilisée entre deux glaciers? Dans la vie, conclut-elle, on peut jamais poursuivre une idée ben longtemps sans que le Malin nous tombe dessus.

Pourtant, nous mangeons tous les jours grâce à la mer qui fournit le poisson et grâce au grand-père Frédéric qui permet qu'on décapite, de temps en temps, une de ses poules, ou que ma mère recueille le sang bouillant du cochon dont on vient tout juste de perforer le cou poilu. Lorsque le sang arrête de couler, l'animal rose est suspendu la tête en bas à la grosse poutre de la grange. Mon grand-père lui ouvre le ventre et immédiatement tout l'intérieur de l'animal tombe dans la tôle placée juste en dessous. Grand-mère Joséphine fouille dans les entrailles fumantes et en sort un amoncellement de tubes brunâtres à la vue desquels Jérôme et le voisin Jean-Marc s'esclaffent, en se pinçant le nez entre les doigts.

— C'est l'intestin du cochon, dit ma mère. On va le vider, le tourner à l'envers et s'en servir pour faire le boudin.

— Beurck! fait la petite Tania en courant se réfugier dans les bras de la cousine Florine.

Grand-père a le fou rire; c'est la première fois que nous assistons à ce spectacle et il s'amuse de nos réactions. Il crie gaiement au cousin Georges d'apporter la chaudière d'eau bouillante et s'empresse d'en éclabousser le cochon. Grand-mère est toute fière de sa journée.

— Avec une aussi grosse bête, on va sûrement avoir des grillades de lard jusqu'à Pâques! conclut-elle en serrant sur son ventre une bassine de panne.

Moi, j'ai mal au cœur et je me demande si on va un jour faire la même chose à la belle jument Doley.

Grâce à mon père qui rapporte à l'occasion de chez les Anglais deux grosses caisses de pots de beurre d'arachide crémeux, le matin nous engloutissons cinq, sept et même dix toasts d'affilée

pendant que maman ronfle encore, ses mains enru-
bannées reposant plus haut que la tête sur l'oreiller.
Elle nous aime, même si elle ne se lève jamais le
matin pour faire bouillir le lait ou délayer le Tang :
combien de fois a-t-elle dû enfiler d'énormes gants
de caoutchouc noir pour pétrir la pâte à pain des
grosses fesses que nous tranchons maladroitement le
lendemain?

Le ton grimpe dans la cuisine lorsque Jérôme
fait brûler une croûte trop épaisse ou oublie de
retourner le carré de pain dans le *toaster* à clapets.

— Faut jamais jeter une tranche de pain! crie
maman, réveillée par l'odeur. Un peu de roussi fera
du bien à vos cordes vocales.

Tout le village a d'ailleurs l'occasion, en juillet
1954, de vérifier l'état de nos voix lorsqu'on nous
corde en rang d'oignons au bord de la route 132 pour
accueillir en chantant l'immense statue de la Vierge
commandée tout spécialement pour le Congrès marial. Les religieuses de Notre-Dame du Rosaire nous
ont appris à tenir dans la main droite un long cierge
coiffé d'un petit cornet de papier blanc qui empêche
la cire de nous brûler les doigts.

Après la cérémonie, maman insiste pour que
l'oncle Firmin nous photographie devant le reposoir.
Mais une terrible envie de faire pipi me fait tirer sur
sa jupe pour l'en dissuader. Elle insiste.

— Voyons, Cora, c'est très rare un congrès
marial!

— Et c'est encore plus rare d'avoir un photographe dans la famille! ajoute l'oncle Firmin, attentif
à ce désir exprimé par sa belle-sœur.

Immédiatement après le mystérieux clic! sorti du cône métallique et alors que mon oncle a encore la tête sous le drap noir de l'appareil, ma mère tire sur ma culotte et me pousse promptement derrière l'ossature fleurie du reposoir. L'envie d'uriner me coupe le corps en deux et j'avance en titubant à cause de la culotte qui m'encercle les pattes; je trébuche sur de vieilles planches et tombe, me plantant un clou rouillé dans la cuisse. On me transporte à travers la foule comme si j'étais moi-même une précieuse statue de la Vierge, en m'expliquant qu'on me fera une piqûre de pénicilline pour empêcher l'infection de se développer et que maman s'occupera de faire disparaître la douleur.

Maman me frotte déjà les deux verrues que j'ai à la main droite avec des morceaux de patate crue qu'elle enterre ensuite dans le jardin en me promettant que lorsque la patate pourrira les verrues fondront. Elle continue donc d'expérimenter sur moi sa savante médecine en désinfectant la plaie avec du gros gin et en me frottant cette fois la peau avec de la couenne de lard puant la saumure. Le cœur me lève chaque fois, mais la douleur finit par disparaître. Quant à la terrible photo du reposoir, je ne l'ai finalement jamais vue.

Nous recevons chacun une orange à Noël, des bananes pour une fête et des pommes à l'occasion, les années où la tante Hope de Saint-Alphonse réussit à préserver son verger des attaques de chenilles blanches. Les petites fraises des champs arrivent avec les grandes vacances et il faut en cueillir le plus possible si nous voulons convaincre maman de faire des confitures. Plusieurs familles du village obligent leurs enfants à en ramasser et à vendre leurs casseaux aux touristes américains. La tante Emma leur vend même des pots de confiture toute faite, mais maman s'y oppose catégoriquement.

— Les Américains possèdent déjà toutes les rivières à saumon de la Gaspésie, déclare la voisine, Mélie Barthelot, sa maigreur à demi arquée par-dessus la clôture en piquets.

— Y ont pas besoin de nos fraises en plus de ça, étendues sur leurs toasts! ajoute maman, les moignons dans les airs et le corps prêt à foncer sur l'édifice du Gouvernement de Québec.

Papa, lui, préfère les framboises sauvages; mais elles sont cachées dans des buissons remplis d'abeilles. La tête enveloppée de vieux linge à pansements et les mains protégées par les gants de caoutchouc du pétrissage, Jérôme joue au valeureux chevalier. À la condition de le laisser apporter lui-même le panier de framboises à papa, il nous précède dans les escarpements et entrouvre les arbrisseaux pour que nous puissions cueillir les précieuses baies. Selon les années, nous ramassons aussi des bleuets; ceux-ci sont minuscules et jamais assez mûrs, d'après maman, pour donner suffisamment de jus dans le pouding renversé. Quant aux groseilles poilues et piquantes, nous les évitons depuis que la tante Magalie a entrepris d'en faire des cataplasmes à coller au ventre de la petite Tania pour qu'elle arrête de mouiller son lit.

Certains étés, après les foins, grand-père Frédéric nous amène aux noisettes, muni d'un vieux sac à patates en jute dans lequel nous déposerons les petites boules piquantes collées en paquets de trois sur les branches des noisetiers. Les noisettes devront sécher dans la grange quelques mois avant que grand-père puisse les débarrasser de leur enveloppe en frappant le sac à plusieurs reprises contre le mur en pierre de l'étable. Les noisettes blondes sont gardées en écales dans les vieilles canisses en fer-blanc de grand-mère jusqu'à ce que celle-ci décide que nous avons été assez sages pour en manger; et encore ne nous en donne-t-elle que quelques-unes à la fois et juste le dimanche.

Le goût des petits fruits, du poisson aux grillades de lard, du pouding sucré ou de toute autre nourriture à cette époque n'est jamais assez savoureux pour se transformer en gourmandise. Manger est une fonction plutôt «technique» qui permet de garder le corps debout, les joues roses et les ongles bien durs. Nous savons aussi que la préparation des repas fait souffrir ma mère. De ses mains massacrées, elle doit éplucher, fendre ou aplatir. Notre euphorie enfantine est donc rapidement freinée par le poids de la culpabilité.

Nous avons compris que cuisiner fait partie des devoirs matrimoniaux de maman, et qu'elle n'y prend aucun plaisir. Ça se voit à la façon monotone dont elle dépiaute une morue, ou plume une perdrix, banalement, tout en me faisant réciter ma leçon de catéchisme. Maman fait cuire ses plats sans aucune recherche, sans y ajouter d'épices. Et elle n'achète que le strict nécessaire. Ainsi, elle ne nous procure ni biscuits, ni pâtisseries, ni boissons embouteillées, ni aliments en conserve, ni pain du commerce, ni charcuterie, ni chocolat, ni crème glacée, ni aucune des céréales colorées que l'écran bleuté s'entêtera plus tard à faire entrer dans notre imaginaire simplet. Même si notre maison est située juste en face de la Fraternité (une des premières coopératives d'alimentation de la Gaspésie), maman ne se laisse jamais distraire par l'apparition d'un nouvel emballage sur une tablette.

Patates bouillies, navets, carottes, morue et grillades de lard, bœuf en sauce, *chops* de porc, boudin et baloney rôti composent notre alimentation familiale.

Fin août, quelques bouillis de légumes apparaissent sur la table avec le blé d'Inde du champ de monsieur Barthelot. Et, une fois par printemps, les bonnes années, mon père rapporte des homards vivants aux pinces immobilisées par de gros élastiques bleus. Plongées dans l'eau bouillante, les bêtes en ressortent aussi rouges que le feu. Papa les dépose dans une grande assiette en plein milieu de la table, et, devant nous, avec un marteau et un gros couteau de cuisine, il entreprend de fendre le corps des crustacés. Puis c'est la fête! Nous terminons le repas en suçant joyeusement les petites pattes de dessous le ventre des homards pour en extraire jusqu'au plus mince filet de chair qui s'y cacherait encore.

Après les gâteaux renversés de l'été, notre dent sucrée doit attendre les beignes de Noël, puis le jambon de Pâques piqué de clous de girofle et re-couvert de cassonade aplatie à la main par l'enfant le plus avenant durant le carême.

Lorsqu'il faut, environ une fois par trois ans, monter à Montréal voir un parent lever les pattes en baissant les paupières, nous nous arrêtons au beau restaurant Le Martinet, à Sainte-Anne-de-la-Pocatière. Après nous avoir installés sur les sièges rembourrés d'une banquette de plastique rouge, papa commande un club sandwich à partager entre Jérôme et moi, avec, pour chacun, une grosse bouteille de crème soda mousseux. Et c'est la course à qui des deux engloutira le plus de patates frites.

Lorsque l'eczéma décide de grimper jusque dans le cerveau de maman, nous sommes dispersés. Papa place les deux plus petites chez tante Olivette, Jérôme, chez un voisin cordonnier, et moi, chez le grand-père Frédéric, qui me gave un mois durant de pain échaudé dans du lait et sucré à la cassonade.

Mais j'ai la joie de le suivre partout : dans la grange lorsqu'il tire le lait du pis des vaches; dans les champs où nous passons des journées entières à ramasser des cailloux que nous jetons sur une ligne droite imaginaire entre les champs; et sur le petit pont du ruisseau où il s'assoit pour pêcher la truite du souper, qu'il n'attrape jamais, en me racontant que, lorsqu'il avait mon âge, il étendait dans les sillons ensemencés des têtes de morue et de hareng par-dessus le fumier pour fertiliser le sol. Un jour, grand-père insiste pour que j'enfile par-dessus mon linge de gros bas de laine qui me montent jusqu'aux cuisses. Il m'amène faire la tournée des collets à lièvre. Je suis obligée de faire de grandes enjambées dans la neige pour réussir à placer mes bottes dans les grosses empreintes laissées par ses mocassins à mesure qu'il avance.

Quelquefois, la maladie de maman arrive au temps de semer les patates. Grand-père me laisse déposer les gros morceaux de tubercule que nous avons coupés la veille. Lui les recouvre avec son râteau.

— Plus les morceaux sont gros, plus il y aura de patates sous les plants! m'apprend-il en insistant pour que chacun des morceaux ait au moins un germe en forme de chop suey sorti de la pelure.

Grand-père prétend qu'il est permis aux enfants de manquer l'école pour aider à tondre les moutons, semer les patates, plumer les poules, ramasser les roches, entrer les foins et corder le bois de chauffage. Un jour, nous fabriquons un épouvantail à moineaux en utilisant des bâtons pour les jambes et les bras. Puis j'habille le squelette avec une vieille veste trouée de papa et un chapeau noir en feutre qu'un quêteux a oublié dans la grange. Grand-père plante le personnage dans le jardin de maman pour qu'il le protège des corneilles pendant son hospitalisation.

Avec grand-père, j'apprends quelque chose chaque jour :

— Quand la lune est rouge, y va faire chaud le lendemain. Pis quand elle est toute brouillée, c'est parce qu'y va mouiller bientôt.

Ou encore :

— Si la terre gèle avant l'arrivée de la neige, c'est signe que les érables vont couler à flots au printemps.

Quelquefois, le dimanche, grand-père réchauffe un ragoût de mouton qu'une voisine a apporté. Sur la grande table de cuisine, nous avons chacun une belle tranche de pain de ménage et une tasse en porcelaine blanche pour le thé. Grand-père verse le ragoût dans deux grandes assiettes à soupe peu profondes et il faut tout manger si nous voulons avoir du dessert. Lorsque mon assiette est complètement nettoyée, grand-père la tourne à l'envers et verse un rond de mélasse dans la cavité de la porcelaine, où un nom illisible est gravé.

— Faut ménager la vaisselle quand on a perdu sa créature, affirme grand-père en étendant une couche de beurre sur ma tranche de pain.

Un jour, en avalant doucement son thé, il se met à me raconter comment il a rencontré grand-mère Joséphine au printemps de 1907, alors qu'il s'était rendu au quai de Carleton voir arriver le *Lady Eileen*, en provenance de Dalhousie. Il avait les deux yeux rivés sur la coque du navire qui se frayait un chemin entre les blocs de glace traînant encore sur le fleuve lorsque, soudain, une jolie jeune fille offre timidement de lui prêter sa lunette d'approche. Grand-père hésite, ému par la beauté du visage de l'étrangère et embêté d'avoir à manipuler d'une seule main ce curieux petit instrument qu'il ne connaît pas. Joséphine insiste, et c'est ainsi que le bateau à vapeur se transformera en nouvelle mariée à l'autre bout de la lorgnette.

— T'en fais pas, ma Coco, ta grand-mère aussi était un bel engin à stime!

J'ai l'impression que grand-père Frédéric est le seul à s'apercevoir que j'existe, le seul à prendre le temps de me parler. C'est encore lui qui m'explique que les bancs de morues sont attirés au printemps dans la baie des Chaleurs par le réchauffement de l'eau et par toute la nourriture qui fourmille au fond de la mer. Parfois, après le déjeuner, on descend sur la grève et il m'explique la différence entre l'éperlan, la plie et le maquereau. Il me montre comment les pêcheurs étendent les petits capelans sur des planches de bois pour les faire sécher au soleil. Un après-midi, on assiste à l'arrivée d'une barge bourrée de morues et de grosses plies. Il me raconte alors comment le chat de grand-mère avait sorti une grosse plie de l'évier et l'avait traînée jusque dehors, tandis que la pauvre Joséphine, Dieu ait son âme, cherchait son poisson pour le souper. Quelquefois, pour me faire rire, grand-père enroule du goémon autour de son cou et se met à piauler en faisant battre le tissu de son bras aplati. Redevenu sérieux, il me raconte des histoires de paniers à pique-nique de citadins emportés par la marée, ou de gardiens de phare disparus en poursuivant des vaisseaux fantômes.

Nous réussissons à grandir et la cuisine devient un incubateur où les parents argumentent sans cesse ; lui, le postérieur affaissé sur une chaise et le reste du corps appuyé sur la table en véritable bois d'érable ; elle, debout devant le poêle, barattant et maugréant contre la piètre qualité de son chaudron de noces. Même l'origine du nom de notre village devient objet de discussion.

— Caplan, c'est à cause des petits poissons qu'on appelle capelans, insiste Jérôme.

— Non ! Non ! riposte maman, Caplan, c'est le nom d'un Indien ; un certain John Kaplan qui vivait jadis à l'embouchure de la grande rivière à l'entrée du village.

— Le nom vient plutôt des Anglais, explique fièrement mon père. En arrivant en bateau dans la baie des Chaleurs, ils ont été frappés par les nombreuses falaises et ont appelé le lieu Cape Land, qui est devenu Caplan.

D'aussi loin que je me souvienne, toute l'action du clan se passe dans la cuisine : les demandes de faveurs spéciales à ma mère, les jérémiades de mon frère, les engueulades entre sœurs, le placotage des voisines, les retards de papa et les roulis de la machine à coudre qui remplace, à longueur de semaine, la présence du mari auprès de l'épouse. C'est sur la table de la cuisine qu'on voit maman disséquer les vieux manteaux d'hiver. De ses mains gantées, elle en détache d'abord les manches et les ouvre à plat; elle sépare ensuite le grand morceau du dos des deux morceaux du devant. Puis, elle tourne les pièces de tissu sur l'envers et y taille un nouveau manteau pour Jérôme, pour moi ou pour une plus petite, selon la grandeur de l'étoffe encore utilisable.

Mis à part la table et les six chaises Krôller en véritable bois dont l'achat aura fait l'objet d'au moins trois ans de réflexions houleuses, je n'accorde aucune importance aux électroménagers et accessoires de la cuisine; le frigidaire est quelque chose dont il faut toujours refermer rapidement la porte, l'évier, une pénible corvée de nettoyage, le poêle, l'accoudoir favori de maman, et le nouveau *toaster*, un appareil enrageant qui ne réussit jamais à bien griller nos tranches de pain irrégulières. Il y a aussi, sur le comptoir, un ouvre-boîte électrique, un cadeau de Colgate Palmolive qu'on utilise presque uniquement pour ouvrir les boîtes de sardines de papa. Mon père raffole de ces minuscules corps de poissons sans tête étendus sur de petits carrés de biscuit soda qu'il avale en affirmant que l'huile de sardine est excellente pour garder la peau du visage jeune et bien lisse. Et la sienne l'est, rose et veloutée comme un beau fessier de bambin.

Je ne me souviens pas d'avoir jamais feuilleté ou même vu un vrai livre de cuisine. Mon père a pourtant acheté, à tempérament, une encyclopédie Grolier composée de vingt-quatre gros volumes noirs, ce qui nous a valu, gratis, un beau gros globe terrestre, et nous a démontré son ouverture à une certaine forme d'instruction. Mais oui, ça me revient, nous avions une vieille édition de la *Cuisine raisonnée* que ma mère consultait quelques jours avant Noël pour une recette de biscuits marbrés ou de glaçage à moka. La couverture du livre était givrée d'une fine panure de miettes de pâte accumulées au fil des ans et, à peu près aux trois quarts du volume, quelques pages sur les pâtisseries s'étaient raidies sous le poids des multiples couches de graisse et de farine, signe indubitable de l'accoutumance du clan au « sucrage » du palais.

3

Sainte-Flavie,
dans le comté de Rimouski

Parce que ses patrons anglais pensent que mon père serait plus productif s'il se rapprochait des grands centres, la famille déménage à Sainte-Flavie, près de Mont-Joli, dans le comté de Rimouski. On agrandit le territoire de mon père et on le convoque de plus en plus souvent à Québec, puis à Montréal. À Sainte-Flavie, nous demeurons encore sur la route 132 collée à la grève et au fleuve, dans une maison louée que ma mère déteste parce qu'elle la trouve beaucoup trop grande pour le peu de monde que nous sommes. Chez un voisin, nous regardons la télévision pour la première fois de notre vie. J'ai huit ans et je dévisage le Pépino de l'écran pendant que maman explique sa maladie à une étrange créature ayant cigarette au bec et des lunettes rouge sang ornées de diamants sur le nez.

Papa pense que la télévision va distraire maman, mais elle ne la regarde pas. Pas même lorsqu'il décide d'en acheter une et de l'installer au pied de son lit dans la grande chambre du bas de la trop grande maison qu'elle n'aime pas. Et nous voici grimpés sur la courtepointe de feu la grand-mère Joséphine, au pied de maman encore au repos. Nous regardons *Lassie*, *Zorro* et *Docteur Welby* pendant qu'elle ronronne ou dévore des yeux le plafond. Jérôme prépare sa spécialité de *grilled cheese* au bacon et nous buvons une pinte de lait sans verre, en nous passant le goulot d'une bouche à l'autre. Maman nous laisse regarder la télé très tard, jusqu'à ce que la neige remplisse l'écran, une fois disparue la tête de l'Indien à plumes, à la fin de l'*Ô Canada*.

À l'école, j'attire l'attention de la maîtresse; elle me tape sur les doigts avec une règle de bois pour que j'écrive de la main droite. Ce martyre me permet vite d'apprendre à écrire des deux mains. Tous les élèves de la classe doivent ramasser des sous pour que la maîtresse puisse acheter des petits Chinois de la Sainte-Enfance. Mademoiselle Bigaouette a installé sur le mur arrière de la classe un grand carton à la hauteur de nos yeux, sur lequel elle a dessiné un escalier de cent marches débutant dans un plancher de boue et qui atteint un beau ciel bleu représentant le paradis. Chaque élève a une tête de petit Chinois enfilée dans un fil de coton rouge traversant le dessin de bas en haut. Chaque fois qu'un enfant apporte un sou, il a le droit d'aller lui-même déplacer son petit Chinois pour le faire monter d'une marche. Lorsque le don d'un élève atteint finalement une piastre, le Chinois grimpe la dernière marche et entre dans le paradis; la maîtresse remet alors une belle image sainte à l'élève. Puis une nouvelle tête est enfilée sur le fil de l'élève et celui-ci doit se remettre à sauver un autre Chinois.

— Des Chinois qui un jour nous envahiront, vocifère maman en s'adressant à la totale ignorance que nous avons encore du reste du monde.

Dans la cour d'école, il est permis d'échanger les images saintes lorsque celle qu'on reçoit pour un Chinois est identique à une autre reçue lors de la première communion ou en récompense d'une dictée sans fautes. Mes images à moi sont collées à la tête du grand lit que je partage avec mes deux jeunes sœurs. Grand-père Frédéric avait lui aussi une image de la sainte Famille piquée avec un clou sur le mur du fond de l'étable de Caplan.

— Pour la fertilité, expliquait-il. Le p'tit Jésus prend soin des animaux aussi bien que des hommes!

Un jour, la tante Olivette doit venir nous garder; elle arrive de Montréal avec deux nouveaux cousins que nous ne connaissons pas. Nous leur apprenons à ramasser des oursins sur la grève et, le soir, la télévision est transportée dans la cuisine. Nous la regardons, assis à la table, en engouffrant des sandwiches aux œufs à la coque mélangés avec de la mayonnaise.

Un bon matin, sentant le froid s'attaquer au village, la tante nous accroche autour du cou une pochette de coton contenant un morceau de camphre.

— Ça va vous protéger contre les misères de l'hiver!

Elle menace de nous faire mâcher des clous de girofle si nous enlevons le scapulaire attaché à la même cordelette.

Tante Olivette nous apprend sa fameuse recette de sirop contre le rhume. Elle coupe rapidement des oignons en grosses tranches (elle se dépêche parce que les oignons la font pleurer) et les enferme dans un pot qu'elle remplit ensuite de miel. Puis elle place le pot au soleil, sur le bord de la fenêtre au-dessus de l'évier. Lorsque les tranches d'oignon deviennent transparentes, elle ajoute à la mixture quelques cuillères à soupe de gros gin. Et c'est à qui toussera le premier, malgré le poivre saupoudré chaque matin dans nos bas de laine.

En 1959, Maurice Duplessis meurt et ma mère prend du mieux. Elle recommence à faire des biscuits sablés pour Noël, des beignets, des pâtés à la viande et des petits mokas enrobés de noix de coco grillée et glacés au chocolat ou à la vanille. Un hiver, elle traverse la rue pour en offrir un plateau à la famille Smith, à laquelle on n'a encore jamais parlé. Ces gens nous invitent aussitôt dans leur grand salon pour entendre la grosse Gracia jouer du piano. On nous passe des petites cannes de bâton fort et Jérôme en prend plusieurs à la fois. Maman le réprimande gentiment, comme l'aurait fait la femme du docteur Welby à la télévision. Je me demande comment elle a pu autant changer et je me dis qu'elle doit maintenant être tout à fait guérie.

4

Sainte-Foy,
en banlieue de Québec

— Essaie d'apprendre l'anglais pis la sténodactylo, déclare mon père en 1960 alors que j'insiste
pour m'inscrire au cours classique de l'école secondaire de Sainte-Foy. La philosophie, ma pauvre fille,
c'est juste du pelletage de nuages; t'es ben mieux
d'apprendre quelque chose de plus pratique pis d'essayer de devenir une bonne secrétaire bilingue!

Nous demeurons maintenant sur un grand boulevard. Notre gazon touche à celui de la voisine dont
le petit chihuahua déterre les embryons de fleurs que
ma mère a plantés avec ses nouveaux gants de coton
fleuris. Mon père est «gérant de district» et sa compagnie va donner à chacun de ses enfants un beau
cadeau enveloppé pour Noël.

La cuisine de la nouvelle maison est encore la
plus grande pièce de la maison. De la fenêtre au-
dessus de l'évier, je vois un jour notre voisine tremper une pomme piquée au bout d'un mince bâton
dans un liquide rouge vif qui fume dans un chaudron
sur le poêle.

— C'est une pomme en tire, explique Jérôme qui en a déjà mangé une à l'école Jean-XXIII. C'est la coutume ici, en septembre, de faire des pommes en tire.

Dans le salon, ma mère parle avec sa belle-sœur Juliette. Celle-ci, à quarante-cinq ans, suit des cours de peinture. Maintenant que tous ses enfants sont à l'école, elle se rend deux fois par semaine au sous-sol de l'église Saint-Nazareth, où elle peint à la gouache sous la surveillance d'un vrai peintre. Maman lui dit qu'elle va se renseigner sur des cours de macramé ou de poterie. Elle veut se faire des amies et parler de ses projets, de la décoration du salon et de l'achat d'une belle chaise berçante dont elle a découpé l'illustration dans le catalogue Eaton.

Puis tante Juliette lui explique comment rajeunir sa peau. Et voilà maman qui se recouvre la figure d'un masque au jaune d'œuf mêlé à de la pêche écrasée. D'autres jours, elle étend sur ses joues de la purée de tomates fraîches et place sur ses paupières deux tranches de concombre coupées en biseau.

Un dimanche, la spatule à crêpe dans la main, elle demande une automobile à papa.

— Juste pour moi! Pour mes déplacements, insiste-t-elle curieusement.

N'importe qui pourrait voir le gros OUI qui s'installe immédiatement dans les vallons roses du visage de papa, heureux que sa femme paraisse aller si bien.

Pourtant, quelques jours plus tard, la tire rouge cristallise un peu trop ou colle au fond de la casserole et ma mère éclate de colère contre Jérôme, contre moi et même contre les deux plus petites qui s'amusent sur la table à habiller des poupées de carton avec des robes découpées dans du papier.

— Pourquoi la vie est-elle si difficile? hurle ma mère s'adressant à des psychologues invisibles dans la cuisine. J'ai pas d'ami, pas de secours et je suis si loin de mon quai de Caplan. Je déteste cette banlieue où les maisons sont tellement rapprochées que les voisins peuvent nous entendre péter. J'haïs leurs écoles, leurs enfants, pis leur façon de gaspiller les pommes!

Stupéfaits, nous courons derrière son corps transformé en colonne de hurlements et le regardons plonger dans le nouveau couvre-lit en chenille rose Kennedy avec, au centre, deux anges de coton blanc.

Dans la chambre des filles, avec Jérôme agenouillé devant la statuette de l'Immaculée Conception, nous prions pour que la maladie ne revienne pas s'installer dans le corps de maman.

Papa revient de Québec et essaie de la consoler. Il suggère d'appeler tante Olivette ou de demander à grand-père Frédéric de venir passer l'hiver avec nous, avec elle, surtout.

Lorsque grand-père arrive, finalement, il essaie de nous distraire en nous racontant l'histoire des Micmacs qui furent les premiers habitants de la péninsule gaspésienne.

— D'ailleurs, précise-t-il, le nom «Gaspésie» vient du mot micmac *gachepeg* qui veut dire «là où la terre finit».

— Grand-père, pourquoi est-ce que les images saintes ne peuvent pas aider maman?

— La Gaspésie, continue grand-père, c'est comme une pointe qui s'avance dans…

— Explique-nous, grand-père, est-ce que l'eczéma se guérit?

Grand-père poursuit son récit en nous racontant que ce sont les Micmacs qui accueillirent Jacques Cartier, lors de sa première visite en 1534. Puis, plaçant une vieille courtepointe sur ses épaules, grand-père entame une procession dans le corridor. Il imite Donnacona, le grand chef des Micmacs, lorsque celui-ci protesta contre la prise de possession du territoire par Cartier et l'érection de sa fameuse croix sur la falaise de Gaspé. Nous suivons grand-père jusque dans la chambre de maman. Jérôme devient alors le plus vieux des fils de Donnacona et il doit tenir la lance pendant que le chef arrache la croix imaginaire du centre du lit conjugal. Désignée comme «l'autre fils», je soulève la courtepointe lorsque grand-père a besoin de simagrées pour implorer le Grand Manitou.

Lorsque la tension monte entre les époux, grand-père fait descendre le campement de Donnacona au sous-sol. Il étend la courtepointe directement sur le ciment, et nous devons nous asseoir en cercle autour de lui. Il fume alors un grand calumet invisible d'où, lentement, il aspire les conseils des bons esprits.

— Aujourd'hui, déclare grand-père, Donnacona va vous raconter l'histoire d'une jeune orpheline micmaque transformée en mouette pour avoir voulu délivrer un jeune Huron condamné à mourir de faim, enchaîné sur le plus haut cap de Gaspé.

— C'est quoi, un Huron? demande Georgette, la plus petite.

— C'est un sauvage d'une autre tribu que la nôtre! de répondre Jérôme en digne fils de Donnacona.

— L'orpheline s'appelait Méjiga, continue grand-père, jusqu'à ce que là-haut le Grand Manitou ramène la paix sur le couvre-lit en chenille rose Kennedy.

5

Saint-Vincent-de-Paul,
en banlieue de Montréal

En 1962, la nouvelle compagnie pour laquelle travaille papa paie toutes les dépenses de mutation ainsi que le premier paiement pour la maison qu'elle nous a trouvée en banlieue de Montréal. Nous faisons le voyage sans maman, qui est déjà installée chez la tante Olivette pour éviter les tracas du déménagement.

— Vous avez l'âge de vous débrouiller sans moi! avait-elle déclaré en montant dans la grosse automobile bleu poudre de l'oncle Nelson.

Installés dans le «split-level» de Saint-Vincent-de-Paul, nous mangeons encore trois fois par jour et cela doit servir à solidifier la charpente plantée dans nos bottines.

L'école, espérons-le, se chargera du parachèvement de nos personnalités. Mais l'instruction se contente de nous transmettre des donnés historiques, religieuses, mathématiques et scientifiques. Pourtant, ma mère suppose que nous sommes en train d'apprendre l'essentiel.

— Vous savez maintenant ce qui est bien et ce qui est mal, déclare-t-elle, en 1964. Alors comportez-vous en conséquence!

En fait, maman s'est esquivée; elle ne nous a pas appris la différence entre le bien et le mal. Et elle ignore à quel point l'histoire des bébés déposés dans les choux deviendra, avec le temps, une anecdote dérangeante pour ses trois fillettes. On ne joue plus au marchand général ni à célébrer la messe sur une taie d'oreiller à rebord de dentelle mais l'histoire de Dieu et la peur de son jugement dernier restent omniprésents dans nos têtes. Mon adolescence prend l'allure d'une grosse interrogation existentielle. «Visa le noir?... Tua le blanc?» Pourquoi, maman? Pourquoi lui? Et serai-je la prochaine victime du mystérieux chasseur royal?

Derrière chez nous y a un étang,
Trois beaux canards s'en vont chantant,
Le fils du roi s'en va chassant
Avec son grand fusil d'argent.
Visa le noir, tua le blanc.

Privées de tendresse et d'attention, mes deux sœurs et moi cherchons désespérément à connaître la loi naturelle qui nous a été cachée. Nous nous forgeons, chacun pour soi et au besoin, nos propres embryons de principes, mais leur manque de solidité nous fera cruellement souffrir. Parce qu'on ne nous parle jamais des multiples talents que nous possédons, nous, les filles, mangeons des kilos de nourriture pour compenser la carence, et le garçon entreprend de noyer son vide dans la même bière que son paternel.

La nouvelle banlieue a toutefois d'agréables façons d'amuser les jeunes enfants. Pendant les grandes vacances de l'été, on les rassemble dans des parcs pourvus de glissoires, de balançoires et de grandes tables aux pattes desquelles sont fixés des bancs. Une monitrice est chargée de faire jouer les marmots à toutes sortes de jeux de ballon, à qui trouvera le premier trèfle à quatre feuilles ou à la marelle. J'ai maintenant quinze ans et les balançoires sont inutiles pour moi. Mais le terrain de jeu m'offre l'occasion d'arriver à mes fins. En effet, en me faisant engager comme monitrice, je réussis à convaincre mon père de m'envoyer au collège, chez les religieuses.

— Papa! Je payerai les deux cents premiers dollars de frais. Tu ne peux pas me dire non!

Il répond finalement oui et maman s'affaire aussitôt à tailler l'uniforme bleu marine du collège Cardinal-Léger dans sa belle cape demi-saison achetée du temps des masques faciaux à la purée de tomates.

— C'est du neuf, du jamais porté. J'aurai même pas besoin de tailler sur l'envers, dit maman avec de drôles de roucoulements dans la gorge.

La nouvelle banlieue me semble plutôt favorable à la santé de maman. Où est-ce mon propre regard qui n'a plus seulement son visage comme baromètre de normalité? J'ai découvert la littérature, *L'Idiot* de Dostoïevski et *Bonheur d'occasion* de

Gabrielle Roy; j'apprends qu'il existe d'autres mondes, d'autres sortes de malheurs et d'autres façons que la mienne d'empiler ses photographies enfantines dans sa mémoire. De plus en plus, j'ai le goût de protester comme Donnacona contre Cartier; je veux crier à ma mère que j'existe au-delà du corps à nourrir; que je ne suis pas seulement un légume du jardin qu'il faut arroser ou protéger du froid. J'ai des interrogations, des rêves, et je veux que mes héros m'écoutent les leur raconter. Je veux qu'on comprenne mon fervent désir d'apprendre davantage; qu'on encourage ma volonté de devenir quelqu'un, quelqu'un de bien, quelqu'un capable de réussir sa vie.

À mon grand bonheur, le collège classique entrouvre la sphère pensante de mon cerveau et la remplit de délicieuses connaissances. En apprenant le grec et le latin, l'histoire et surtout la littérature, j'ai l'impression de vivre les plus belles années de ma vie; c'est comme si chaque jour un enseignant présentait à la classe un nouveau festin de pensées artistiques. De plus, le collège est situé en pleine ville de Montréal et j'y rencontre des jeunes filles de tous les milieux; des plus ordinaires, comme moi, jusqu'à des filles de notaires, d'avocats, de dentistes et même de sous-ministre à la condition féminine.

En essayant à mon tour de composer des phrases, je découvre l'incroyable pouvoir des mots. C'est alors tentant d'en user le plus possible et de m'éloigner de la rive comme le poète dans son bateau ivre.

6

L'avenue du Parc
et mon mariage grec

Ma soudaine attirance pour la beauté prendra bien soin de m'amarrer à la terre ferme puisqu'elle me fait m'amouracher, en 1967, d'un superbe profil fraîchement évadé de son Parthénon mythique. L'irrésistible splendeur s'enroule à son tour au mince cordon ombilical d'un premier rejeton piétinant prématurément la cavité fertile de mon abdomen.

— Plus ça change, plus c'est pareil, disaient les vieux Gaspésiens sur le perron de l'église de Caplan.

Depuis que le monde est monde, les générations se perpétuent en rejouant inexorablement le même scénario sous différents accoutrements. Je me marie sans grand amour et je reçois des enfants qui rechercheront, comme moi, leur équilibre libérateur.

Installée, dès 1968, dans la bourgade allophone de l'avenue du Parc, mon anatomie francophone devient une espèce de divinité secondaire que mon mari s'amuse à exhiber. Jaloux de tous les poètes séjournant dans ma tête et qu'il découvre peu à peu, l'Apollon contrarié se transforme en Arès, dieu de tous les conflits. Au nom de sa triste mythologie, le héros taraude mon existence des pires fléchettes de son Olympe. Je ne parle pas assez bien le grec, je passe trop de temps à lire, je n'ai jamais mangé de pieuvre, j'écris et ça n'est pas permis aux femmes, je n'enrubanne pas mon bébé pour bien lui raidir les membres ou je ne sais pas ébouillanter proprement les branches de camomille séchées pour la belle-mère alitée.

À vol d'oiseau, on est loin de se douter que ces fanatiques grecs déambulant entre les orteils du mont Royal tels des insectes constituent en réalité une immense fourmilière mal organisée et cruellement dévorante. Malgré son beau visage, mon mari appartient lui aussi à l'ameublement fatigué de cette civilisation trop de fois expatriée. Paradoxalement, la belle avenue du Parc perd, sous le joug hellène, son beau poli classique. Et pendant que de duchesse elle se métamorphose en roturière, sa clientèle bourgeoise a, elle aussi, entrepris d'installer ses grabats plus à l'ouest, les collant davantage au ventre ronflant du roi Royal. Je deviens vite une exilée dans ce revers poreux de la ville et mon vocabulaire rétrécit à mesure que s'estompe l'espoir des champs de blé magnifiques ensemencés dans mes rêves. Je n'ai d'autre choix que d'essayer de ressembler aux abeilles téléguidées de la ruche. Mes antennes ne captent presque plus rien, ni poésie, ni musique, ni théâtre, ni même le bruit ensoleillé d'un premier jour de printemps. Je passe des journées entières à bercer Titan, mon bébé; cela me console, et ces rares bouffées de bonheur m'apportent la certitude que la vie est capable de m'aimer, et y consent.

Certaines fins d'après-midi, le babillage du bébé réussit même à agrémenter les fonds de cour ténébreux de la rue Jeanne-Mance, et nous y dansons, mon fils et moi, enlacés dans un amour indéfinissable, intouchable et dérangeant pour un mari promenant son incapacité de père tel un matou mal intentionné virant à l'extérieur d'un aquarium.

Cédant finalement aux nécessités du quotidien, j'accepte d'acheter quelques lampes, un aspirateur, des ustensiles et quelques assiettes pour meubler l'appartement. Puis un jour, alors que nous piqueniquons dans le velours adoré du mont Royal, le petit Titan avance de lui-même ses petites pattes sur le gazon. Au même moment, une fillette apeurée pioche dans la noirceur ouatée de mon flanc. Il y a encore tant de bonté dans ce monde, tant de petits espoirs éparpillés dans nos vies comme des pépites d'étoiles ou des diamants semés dans le lit des rivières.

Ma fille Julia apparaît, rose et criarde, fendant la chaleur torride de juillet; elle devient pivoine, marguerite, la plus belle fleur de tous mes jardins imaginaires. Puis, pendant que la vie distribue ses égratignures aux genoux, ses premières piqûres de vaccins, ses sirops contre la toux et ses papules de varicelle, un troisième petit être découvre, à l'intérieur de moi, l'entrée de son tunnel de naissance. Bébé Nicholas arrive, exaltant de grâce, et emplit mon cœur d'encore plus d'assurance bénie. À nouveau, des bourgeons d'espoir éclatent dans ma tête et leurs pétales veloutés contribuent à décorer l'écume de mes jours. Les enfants grandissent entourés par ce nouveau bonheur dont ils ressentent les effets.

À l'extérieur de nous, l'avenue du Parc s'est entièrement recouverte d'allures empruntées. Planète Athènes m'apprend pourtant l'anglais, le grec moderne et le langage aigrelet des larmes québécoises. Et, à ma grande surprise, tous les rudiments d'une extraordinaire cuisine à l'huile d'olive. Je découvre l'aubergine, le zucchini, l'aneth, l'artichaut, les lentilles et les gros haricots à la purée de tomates fraîches. J'aplatis la pâte à pain en minces galettes. Je découvre aussi la magie du yogourt maison.

À trois ans, mes deux fils et ma fille sont saucés dans le gros chaudron du baptême orthodoxe devant tous les membres endimanchés de la famille grecque. C'est chaque fois une grande fête, au cours de laquelle est officialisé le prénom de l'enfant, qui lui vient du grand-père, de la grand-mère et de l'oncle du côté paternel. Pendant la cérémonie de ma fille, son parrain, choisi parmi les hommes du clan, lui remet cinq lires d'or pour qu'elle trouve plus tard un bon mari.

Les enfants Tsouflidis et moi, dame Tsouflidou (en langue grecque, l'orthographe du nom de l'épouse — femme appartenant à un homme — change puisqu'il est soumis à la déclinaison du complément génitif d'appartenance), résistons tant bien que mal à ce croisement des mentalités. Ce qui me donne, même factice, un certain statut social distinctif et difficile à ignorer en 1975.

L'odyssée maritale dure treize longues années et me permet d'apprendre à maîtriser tous les métiers de mains d'une femme à la maison. Dieu merci, c'est la bonne santé de ces mains qui m'aide à survivre au traumatisme hellène en cousant, en tricotant, en frottant et en cuisinant. À force de pratique, j'excelle à virer de bord un vieux paletot grec pour en faire de jolies marinières à mes jeunes enfants.

Après s'être agréablement vautré dans toutes les transgressions du Nouveau Testament, mon mari décide de se convertir au fanatique Dieu de l'Ancien. Je suis alors obligée de me tenir debout pendant qu'il mange, de détruire tous les livres que je possède et, le pire pour moi, de brûler tous mes écrits personnels accumulés depuis l'enfance. Yannaki exagère, il me condamne à vivre comme une quelconque extension de lui-même, dépourvue de cerveau, de désir et surtout de jugement moral. Puis, sans s'apercevoir qu'il en a lui-même retiré le chauffage central, le maître maugrée contre la froideur de son bâtiment secondaire.

Devant aussi renoncer mentalement aux rimes envoûtantes des poésies apprises au collège, je réalise que ma seule espérance d'évasion réside maintenant dans ces terribles mains habiles, ces mains qui possèdent l'énergie concentrée de centaines de générations de femmes avant moi. Cependant, je suis encore loin d'imaginer que je découvrirai, en cuisinant, autant de vérités fondamentales.

Inévitablement, le mariage tourne au vinaigre. Et lorsque mon cerveau est enfin libéré de cette dictature, il ressemble trait pour trait au légume atrophié par trop de macération. Mes parents ont enfin pitié de moi ; ils offrent de garder les enfants pour m'aider à refaire ma vie. Survivre sans argent me force à me surpasser. Sans métier et sans aucune connaissance pratique du monde, mon seul réflexe est de faire ce que faisaient les habitants de la planète Athènes : ouvrir un restaurant.

C'est seulement plus tard que j'apprendrai que c'est exactement ce qu'avait fait la grand-mère Cora Pratte après le départ de son mari pour les États-Unis.

7

Refaire sa vie… ou la continuer

Le maigre profit résultant de la vente du dernier abri familial me permet d'acheter, en 1980, un petit restaurant de quartier à l'angle des rues Papineau et Bélanger, sur l'île de Montréal. Y travaillant aux fourneaux dix longs mois, de l'aube à la fermeture vers onze heures du soir, je découvre à quel point ma nourriture inspire confiance aux clients. J'ai besoin qu'on m'aime et, par ricochet, j'ai tellement besoin de faire plaisir aux gens. Je réaliserai rapidement que ce petit boui-boui de la rue Papineau représente ma première communication officielle avec le monde. Tombée en 1947 en plein centre d'un immense pique-nique planétaire, j'essaie encore de me rappeler pourquoi le premier homme a été créé, et voilà que j'ai la plus extraordinaire occasion de le découvrir, en étant moi-même à la recherche du feu. Cela implique d'accepter la responsabilité de mon existence et celle de chacun des rêves que je désire matérialiser. Je ferai cependant encore quelques détours avant que ce microcosme de la cuisine commerciale devienne véritablement le centre d'activité de mon cheminement personnel.

Mon grand-père Frédéric et le chef Donnacona ont disparu ensemble, le même jour, en 1977. Quant à mes parents, ils continuent de subir inexorablement les lois de l'usure et du vieillissement. Maman s'est fortement opposée à mon mariage grec, et papa a préféré garder le silence à ce sujet jusqu'à sa mort, en novembre 1980.

Habitant désormais toute seule dans son chalet hivernisé de Sainte-Adèle, ma mère insiste pour élever les enfants pendant que je «refais ma vie».

Refaire sa vie devient d'ailleurs son expression favorite. Et cela me fait penser aux longues soirées à Sainte-Flavie quand la tante Olivette nous gardait et qu'elle décidait que la télévision était brisé. Elle sortait alors deux jeux de cartes mélangés et nous installait sur la table de la cuisine pour construire des châteaux, qu'il fallait continuellement refaire parce qu'ils s'effondraient à la moindre contrariété. Maintenant voilà que, à cinquante ans passés, ma mère pense à refaire sa vie, en feuilletant la page Compagnons-Compagnes de *La Presse* du samedi. Les enfants la surveillent pendant qu'elle encercle des candidats, note des numéros, poudre ses joues et s'intéresse soudainement aux nouvelles gaines amincissantes vantées dans les dépliants promotionnels.

Rue Papineau, les soirées deviennent, elles aussi, de moins en moins monotones, parce que j'ai le temps de fraterniser avec les clients, de sortir de la cuisine avec un plateau de sucre à la crème fraîchement baratté, avec quelques tranches de pain à l'ail pour le gars qui mange un spaghetti, ou avec une belle tarte au citron dont la meringue ressemble à une bourrasque gaspésienne.

— Y neigeait tellement que des fois l'école fermait toute une semaine durant! que je raconte à Marcel, le pauvre citadin qui n'a jamais vu un banc de neige traîner assez longtemps pour l'empêcher d'aller s'acheter ses cigarettes.

Accoudée au comptoir, je m'aperçois que les oh! et les ah! des clients satisfaits s'adressent aussi à ma belle figure. C'est évident que je leur plais puisque le restaurant se remplit maintenant trois fois par jour. J'écoute patiemment la personne âgée lorsqu'elle trempe un brin de toast dans son thé; je réconforte les femmes au chômage qui me confient leur misère et je discute d'un ton enflammé avec l'intellectuel qui atterrit par hasard dans la binerie. J'entre dans le cœur des autres parce que je cherche le mien; je me demande comment cet organe réussit à fonctionner dans le vrai monde.

Un beau matin, un jeune Grec, probablement attiré par la foule attablée, entre dans le restaurant et m'offre, dans un anglais taillé au hachoir, d'acheter immédiatement mon commerce.

— Pourquoi pas? Dans les affaires, tout est à vendre! que je lui lance en utilisant des mots grecs parfaitement ciselés.

Le jeune Athénien insiste alors pour me faire cracher un prix. Et moi, j'explique, devant lui, au gros Raoul, un habitué, que je vais bientôt avoir les moyens d'enlever le four à pizza de l'avant du restaurant.

Après quelques jours de sérénades bien accueillies, le *smoked meat man* avance une somme trois fois plus grosse que celle de l'acquisition du commerce. La tentation est grande et je n'y résiste pas. Au revoir, Mon Château! (C'était le nom, très approprié, que j'avais donné à mon premier restaurant.)

La transaction signée, je rejoins les enfants chez ma mère. Après avoir contemplé les marguerites sauvages des collines de Sainte-Adèle pendant quelques jours, je reviens en banlieue de Montréal et suis engagée, au printemps de 1981, dans un grand restaurant de Laval. Après avoir débuté à l'accueil, le soir, j'ai ensuite l'occasion de me familiariser avec toutes les facettes des métiers de l'hospitalité. Pendant cinq ans, je gravis un à un les divers paliers de responsabilité jusqu'à ce que je devienne gérante générale de l'établissement. Ma situation financière s'améliore et je rachète une maison en banlieue pour les enfants.

8

La mort de ma mère

En 1982, ma mère songe à quitter Sainte-Adèle pour emménager avec nous, dans la nouvelle maison de Boisbriand. Au début de l'été, juste avant son déménagement, elle décide d'amener les enfants visiter la fameuse Gaspésie dont elle leur a parlé tout l'hiver. C'est la fête pendant les préparatifs. Mais lorsque la petite Austin Marina grimpe la dernière falaise avant d'arriver à Saint-Charles-de-Caplan, le destin décide de changer l'adresse définitive de maman. La voiture entre en collision frontale avec le camion cinq tonnes d'un lointain cousin transportant des moutons à l'abattoir de Maria. L'Austin fait plusieurs tonneaux et atterrit finalement dans un champ de foin, au bas de la falaise. Le visage de ma mère est complètement défait et sa tête pendouille dans le trou de la vitre du conducteur. Mon fils de treize ans réussit à se hisser hors de la carlingue fumante. Titan pense immédiatement à son plus jeune frère et à sa sœur enfermés dans l'automobile. Il doit les libérer; et il y réussit.

— Un maudit miracle! s'exclame le premier témoin arrivé sur les lieux.

La police provinciale elle aussi reste bouche bée lorsqu'il s'agit d'expliquer comment les enfants s'en sont sortis. Tout le village de Caplan est consterné par l'accident!

Mystérieusement, aucune des deux grandes émotions que j'éprouve ne laisse l'autre s'exprimer. Comme si j'avais subi, moi aussi, à l'intérieur de mon cœur, une terrible collision frontale; la joie de retrouver mes enfants sains et saufs reste aussi muette que le malheur d'avoir perdu ma mère.

À la morgue du canton, j'identifie avec froideur le visage massacré de maman. Puis, le médecin légiste lui enlève son anneau nuptial et me le remet.

— Un autre château de cartes qui vient de s'effondrer, aurait conclu la tante Olivette.

La disparition de maman se transforme pourtant en une sorte de libération. Étrangement, la tragédie entretenue dans l'imaginaire s'amenuise; la réalité m'apparaît différemment. Même si mon enfance n'a pas été une période de bonheur parfait et même si très souvent l'indifférence de mes parents m'a semblé la chose la plus cruelle du monde, je peux maintenant décider qu'il en soit autrement. Je désire avancer, apprendre davantage et me sortir la tête hors de cet océan malheureux que fut le monde de ma mère. C'est seulement beaucoup plus tard que je comprendrai la souffrance de maman, sa solitude et le drame de ses propres rêves morts dans l'œuf.

9

Une maladie qui se guérit
à force de se faire plaisir

En 1985, j'ai l'impression que le vent de la ritournelle tourne en ma faveur. Sans doute parce qu'il perçoit en moi des qualités d'entrepreneur, et probablement parce qu'il me surprend trop souvent à analyser les différentes occasions d'affaires dans les publications spécialisées, le grand patron de la brochetterie où je travaille m'offre de devenir sa partenaire.

Associée, j'essaie alors d'être la meilleure et je renonce à prendre un seul jour de congé. Au contraire, je convaincs monsieur Dimitri d'ajouter les heures matinales du déjeuner à notre horaire d'accueil. Ainsi, pour les quelque vingt mois suivants, de sept heures le matin jusque tard dans la nuit, c'est le brouhaha des assiettes qui hypnotise complètement mon attention. Je suis en permanence contrariée par ce temps devant moi qui n'est jamais suffisant pour accueillir ma performance de robot. Je songe aussi à mes enfants, abandonnés à eux-mêmes; je pense à leurs cœurs esseulés pendant que je me tue à nourrir leurs corps.

Puis, bien malgré moi et sans que je m'en aperçoive, mon énergie diminue. Un matin, on dirait que mon cerveau éclate. Subissant un affaiblissement simultané de toutes mes facultés, je sombre peu à peu dans une étrange maladie. Les médecins disent que je suis «brûlée», atteinte d'une maladie qu'ils appellent *burn-out*.

— Ça arrive à tout le monde, affirme le vieux docteur Bertrand, assis à califourchon sur une petite chaise d'écolier égarée dans son cabinet de neurologue.

Adolescente, lorsque certains soirs je revenais de chez une amie, je me mettais à courir, m'imaginant qu'un monstre sans visage me poursuivait; c'était parfois une bête féroce, un lion rugissant, ou encore une espèce de serpent préhistorique. Immobilisée et malade, j'ai maintenant l'impression que ce monstre m'a rejointe; qu'il m'a dévorée et que c'est lui qui, paradoxalement, prend toute la place sous ma peau. La bête attaque sauvagement tous les orifices de mon pauvre corps et l'étrange mal qu'il y répand me fait penser aux derniers jours d'une grossesse. Vais-je accoucher de ce monstre ou est-ce lui qui va me remettre dans le vrai monde? C'est probablement cette terrifiante incertitude qui me brûle le plus et qui m'empêche de déchiffrer l'incessant radotage du personnage piochant dans mon cerveau.

— Ça se guérit à force de se faire plaisir, insiste le vieux docteur au bout du fil pour la centième fois.

Incapable d'additionner 2 + 2 correctement, je passe mes journées à mourir comme l'été dans le gazon. Je péris calmement, déconnectée de ma propre chair. Puis, lorsque cesse le bourdonnement intérieur, on dirait qu'une grande fatigue, aussi lourde qu'un hiver, vient s'allonger à sa place dans mes veines. Même si la sécheresse de ce nouveau froid me tarit l'eau des pupilles, il n'y a soudainement plus de désespoir dans ma tête; comme si je m'étais souvenue que le serpent géant était une pure illusion, une invention de ma part pour arriver plus vite à la maison.

J'ai presque quarante ans et je ne me suis jamais arrêtée pour réfléchir à mes propres besoins ni à ce qui pourrait bien me faire plaisir; c'est pour cela que la guérison prend autant de temps. Les enfants essaient de me gâter, même s'ils ont, depuis quelques années, appris à vivre sans moi. Ils me servent le thé, dehors, où je suis étendue sur une chaise longue, devant la maison. J'ai tellement besoin d'espace. J'ai mal à mes yeux grands ouverts cherchant désespérément à distinguer quelque chose de valable. Je passe des heures à regarder le spectacle des feuilles tombant du gros érable. Toutes lourdes de couleurs, je les vois virevolter, danser, puis atterrir sur le gazon, sur la petite table blanche près de ma chaise ou même, quelquefois, dans l'eau de ma tasse à demi bue. C'est ce dernier mouvement de la vie qui parvient finalement à me toucher : mourir en dansant, la peau vermeille... du rouge de l'amour, ou des petites framboises préférées de papa.

J'ai soudainement le goût de me lever et de marcher vers cette magnifique couleur que prend l'émotion lorsqu'elle se souvient. Tranquillement, je commence à penser qu'écrire pourrait peut-être me faire plaisir et me soulager.

En avril, j'annonce à monsieur Dimitri que je ne reviendrai pas au travail. En quittant l'entreprise je subis une perte parce que, n'étant pas d'accord avec ma décision, il refuse de me verser la part de profit à laquelle j'ai droit. Trop faible pour protester, je signe tous les documents, les yeux figés dans leurs orbites.

Un jour, un client fidèle m'appelle à la maison pour m'encourager. Ce magnat du textile prétend que je vais bientôt guérir et il offre de m'emmener souper de temps à autre, pour me distraire.

La maladie prend beaucoup de temps à guérir. Je dors sur le divan du salon des journées entières. Puis, tranquillement, je renonce à essayer de comprendre ce qui m'arrive; je lâche prise et je trouve finalement la force de me concentrer sur ce qui me ferait vraiment plaisir.

L'automne revenu, je prends l'habitude d'aller boire mon café dans un gros restaurant près du pont de Rosemère, appelé Restaurant Sainte-Rose. Doucement, le cœur entre deux piles d'assiettes blanches, je commence à écrire mon journal. La plume griffonne timidement entre les lignes bleutées d'un bloc-notes à anneaux. Cela passe le temps, et je m'aperçois que ça desserre peu à peu la terrible empoigne du monstre encore agrippé à mon âme.

Chaque matin, j'arrive à l'heure où les deux astres s'absentent du ciel humide, et je vois des centaines de chimères sortir d'entre les lignes du calepin, tantôt hésitantes, tantôt fonceuses. J'aperçois des grands-pères aux promesses fabuleuses, des mamans invincibles, des pêcheurs trempés jusqu'aux os, des poètes assis sur des oiseaux géants et parfois même des Micmacs massacrant des ennemis hurons; je vois des actrices radieuses qui me saluent avant de disparaître dans la fente d'un rideau, des fillettes enfermées dans des instituts de sucre et des poissons nageant dans le creux animé des sillons de campagne. Je pénètre chaque jour dans un nouveau château de mots, j'y décompose les heures en centaines de calembours électrisants et je découvre à quel point l'écriture est remplie de millions de parcelles réchauffantes auxquelles il fait bon se coller. Je me surprends à rire du spectacle des lettres sautillant dans la neige du calepin. Je m'applique à utiliser des mots qui donnent à la page sans prendre à la chair et j'affectionne surtout ceux qui ont le magnifique pouvoir de dessiner indéfiniment.

Lorsque la vie vomissait en moi ses nénuphars d'enfer, j'avais eu besoin d'exprimer ce désespoir envahissant; de le décrire à mesure qu'il m'étranglait. J'ai maintenant besoin de me réconcilier avec l'insupportable répertoire d'images qui a trop longtemps tapissé mon absence de paradis. Comme le petit enfant qu'on a voulu égarer en forêt, j'écris pour semer des cailloux, pour planter des petits repères jusqu'à ce que je retrouve le chemin qui mène à moi. Écrire me permet aussi de constater qu'un jardin de diamants existe encore dans mon ciel imaginaire. Peu à peu, à coups de fragiles tirades, mon âme reprend vie, comme un nouveau-né dépliant un à un ses membres à la lumière.

Dans l'écriture, le Restaurant Sainte-Rose devient un beau personnage féminin qui me semble être la sainte gardienne d'un morceau de l'île Jésus, entre Fabreville et Auteuil. Maman Rose protège sa bourgade dont les principales activités commerciales consistent en des friperies et des boutiques d'antiquaires agglutinées autour de l'église et du ferblantier Dragon. Plusieurs litres de café sont engloutis entre les chapitres des calepins. Je rêve; je termine une histoire là où j'en commence une autre, et je me guéris sans m'en rendre compte. J'ai souvent l'impression que si je soulevais une page d'écriture je verrais pendre de longues racines de mots jusque dans mon cœur.

Finalement, après cinq longs mois de thérapie d'écriture, mes artères vitales sont complètement décongestionnées. Les personnages abracadabrants du malheur cèdent la place à l'étude des véritables clients du restaurant. Je note aussi chacun des détails de l'activité de la restauration comme si ma propre vie pouvait un jour dépendre de l'exactitude de mes descriptions.

Elle en dépendra, en effet, mais je suis encore loin de me douter que le modèle s'infiltre en moi; que pendant que j'accroche des vies inventées sous le chapeau de personnages que je ne connais pas, c'est ma propre vie que la sublime vocation décide de recréer.

La restauration s'impose à nouveau à mon odorat, à ma vue, par le regard que je pose inconsciemment sur chacune des choses essentielles.

Ainsi régénérée, l'écriture dégringole; il me devient impossible de la suivre. Impossible de retenir l'enfance en Gaspésie, la maladie de ma mère, Donnacona, le collège classique, le périple grec, la grande brochetterie et la tragédie du *burn-out*. Et puis, un beau matin, sans manquer d'encre noire ni d'espace blanc dans le cahier, je me surprends à feuilleter la rubrique des petites annonces du quotidien matinal.

Je comprends alors que tout a été expulsé et que la thérapie a fonctionné. La patiente peut désormais passer à autre chose.

La souffrance vient du fait qu'on ne comprend pas toujours ce qui nous arrive. On n'a aucune idée à quel point la providence est capable d'utiliser les pires stratagèmes lorsqu'il s'agit de faire virer notre destin à cent quatre-vingts degrés. En ce qui me concerne, un ange nommé Rose a tout orchestré de son phare près du pont. Pour m'indiquer la voie, il a concentré mon attention sur la maladie et, pendant que je me recomposais une vie sur le calepin, il a tracé à la fourchette une grande assiette de déjeuner dans mon cœur.

10

L'enregistrement
du nom Chez Cora

En ce matin de mai 1987, la file est longue au comptoir d'enregistrement du palais de justice de Montréal. Une surprenante brochette d'Asiatiques, d'Italiens, de Noirs, de Grecs, sans compter plusieurs têtes blondes, attend le long d'un petit muret menant à un guichet où un vieux fonctionnaire rabougri baptise la première démarche de l'entreprenariat québécois. Je me joins à la parade, juste derrière une espèce de Yoko Ono en plus jeune, avec crinière rousse et verres fumés, qui traîne sa précieuse vie dans un énorme attaché-case en métal noir qui martèle le sol à chaque changement de candidat au guichet.

Mon affaire à moi est beaucoup moins importante; elle se résume à une petite page de calepin où j'ai griffonné quelques façons de rendre hommage à ma nouvelle confidente de Sainte-Rose : «Les petits matins de Rose», «Chez Rose», «Déjeuners Chez Rose», «Rose-Cocos», «Rose-Omelettes».

Parce que ce personnage imaginaire m'a permis de renaître sous son toit, je veux inclure son nom dans l'appellation du petit restaurant qui s'est miraculeusement imposé à moi il y a peu de temps.

Miss Côte-Vertu était un casse-croûte au coin d'une rue d'une petite ville éclose à l'intérieur de la grande ville de Montréal. En entrant dans le boui-boui abandonné, j'avais été immédiatement attirée par le grand corps de comptoir, comme si j'y avais vu d'avance tous les clients de Rose attablés et grouillants. J'ai trouvé ce restaurant de vingt-neuf places en allant reconduire mon fils aîné à son travail, un matin où il y avait grève des transports en commun. Je me souviens très précisément de mon étonnement en voyant la grosse affiche RESTAURANT À VENDRE. Cela faisait plus d'une semaine que nous passions chaque matin sur le chemin de la Côte-Vertu sans l'avoir remarquée. Dès que j'ai lu ces trois mots, j'ai su que mes treize longs mois d'errance se termineraient à cet endroit, dans ce restaurant qui deviendrait le mien. Après avoir déposé mon fils, je suis retournée sur le parking du 605 de la Côte-Vertu où il y avait, comme par miracle, une cabine téléphonique. J'ai composé le numéro inscrit au bas de l'affiche et voici que, treize jours plus tard, j'attends dans un bureau gouvernemental pour enregistrer le nom de mon commerce. Une petite voix avait chuchoté dans ma tête que je devais acheter ce casse-croûte, le laver, le repeindre et l'utiliser pour nourrir ma progéniture. Et moi, j'avais perçu que le boui-boui me nourrirait d'interminables histoires à composer, à loisir, chez moi, en brassant mes soupes.

J'hésite encore entre « Rose-Cocos » et « Rose-Omelettes » lorsque la jeune Asiatique devant moi referme vivement sa malette. Le fonctionnaire derrière son hublot m'informe que tous les noms que je propose avec Rose sont déjà pris et me conseille d'aller consulter les fichiers contenant toutes les appellations déjà inscrites aux registres municipaux avant de choisir un nom. Derrière moi, la file est aussi longue qu'à mon arrivée, ce qui signifie encore plusieurs heures à attendre. Comme je maugrée, le fonctionnaire ouvre le portillon de sa bulle et me demande mon nom. Je lui réponds. Il pitonne alors sur son clavier, puis me lance gaiement :

— Chez Cora : jamais utilisé! Appelez ça « Chez Cora » ou « Omelettes Cora », si vous ne voulez pas attendre. Sinon, retournez à la file. Suivant!

Dans une fraction de seconde, je pense à toutes les heures passées chez Rose. Puis, étrangement, à la grand-mère Cora qui a eu, elle aussi, un restaurant. Le nom Chez Cora pourrait faire référence à elle.

Je suis sans travail depuis plus d'un an. Le magazine *La Vie en rose* a refusé ma candidature de journaliste à la pige, le Château Champlain, celle d'hôtesse à l'accueil et Dalmy's Canada, celle de gérante de boutique. Ma maison est à vendre et il faut absolument que j'aie un vrai salaire le plus rapidement possible. Chez Cora ou Chez Margot, je n'ai plus vraiment le temps d'attendre. Il est midi passé et j'ai rendez-vous chez le notaire du vendeur à quatorze heures. Il faut faire vite. J'expliquerai plus tard à Rose la plaisanterie du destin.

— Suivant! répète le fonctionnaire, impatient.

— Attendez, attendez! J'accepte! J'accepte le Chez Cora jamais utilisé!

— Donnez-moi le nom et l'adresse complète de l'établissement, s'il vous plaît!

Et c'est ainsi que je suis devenue propriétaire du Restaurant Chez Cora, 605, chemin de la Côte-Vertu à Saint-Laurent.

Cet endroit allait être mon chez-moi. Pourtant, jamais je n'aurais pensé que mon nom mériterait un jour de figurer sur une affiche commerciale. Par contre, j'y voyais très bien les autres éléments, comme je l'ai expliqué au gérant d'Enseignes Bégin.

— Je veux un gros soleil jaune, et une petite tasse de café en bas à côté de l'adresse.

— Ouais! On va vous faire ça sur un grand panneau en bois, trois couleurs sur fond blanc, pour 625 $.

— C'est bien cher!

— C'est à cause du découpage des rayons. Est-ce que ça vous va, madame?

— À ce prix-là, ça comprend l'installation, j'espère?

— C'est difficile et toujours très coûteux, le découpage, ma p'tite dame!

— Si vous le dites! Ça me va, monsieur. Je vous paye dans trois semaines, mais j'ai besoin de l'enseigne lundi prochain.

— Ouais! Je suppose qu'on peut faire confiance à une mère de trois enfants… D'accord pour lundi.

— Installation incluse, n'oubliez pas.

— Faut ben donner une chance à la vieille Miss Côte-Vertu de se renipper la fraise!

11

La vente de notre maison
de Boisbriand

Heureusement qu'un fils de fonctionnaire, après inspection minutieuse, a finalement opté pour notre maison blanche de la rue Chamberlain, à Boisbriand; celle-là même que j'ai vue tant de fois, dans mes écrits, fondre et disparaître dans ses draps d'asphalte. Cette maison a subi mille auscultations depuis la déclaration de mon incapacité imminente à en rembourser l'hypothèque. Monsieur Montplaisir, l'ancien propriétaire, l'a quittée après avoir gagné deux millions à la loterie. Moi, j'ai quitté mon travail depuis plus d'un an et je passe mes journées à écrire dans un restaurant de Sainte-Rose, entre les petites annonces de *La Presse*, le divan moucheté du salon et l'imagination turquoise dans laquelle je finis toujours par noyer toute inquiétude vulgairement matérielle.

Monsieur le fonctionnaire précède son fils à la porte et dans le grenier où il grimpe avidement dès sa première visite. Ils examinent les tuyaux, les plafonds, les planchers, les entrées d'eau et les sorties de ventilation. La distribution des courants semble être de la plus haute importance pour le fils, facteur de métier. Un fils plus petit que le père, timoré et attentif, ballotté entre la fonction municipale et la réaction maternelle d'une belle grosse maman aux odeurs de sarriette et blouson tricoté en véritable laine. Une maman qui pense déjà à ses futurs petits-fils gambadant dans la cour clôturée et qui plus tard ne risqueront sûrement pas de se faire écraser à bicyclette dans cette excroissance de la rue Chamberlain d'où l'on peut entendre les vaches beugler l'heure de la traite.

Huit jours après sa première incursion, le clan au grand complet est d'accord. Le fonctionnaire endimanché se présente un bon mardi en insistant pour faire un dernier tour du domaine.

— Hum! Pour vérifier certains détails.

Et pour faire plaisir à sa bru Jacqueline, la plus intéressée, que je vois enfin pour la première fois, plantée derrière sa belle-mère dans de jolis petits bottillons de plastique rouge avec, sur la tête, le premier chapeau de paille de la saison.

— Une bonne fille de la campagne, s'empresse d'ajouter la matrone du clan après me l'avoir présentée. Jacquie est une fille de par chez nous, en Abitibi; une fille qui sait coudre tout ce qu'une femme peut désirer!

Dès son arrivée, Jacqueline me dévisage. Ses yeux bougeant rapidement, elle semble vouloir photographier tout ce qui m'entoure : la vieille courtepointe, mon calepin, la reproduction du *Ravissement de Psyché* suspendue au mur, la table en rotin bleu,

La Presse du samedi, la tasse de thé en forme de pomme, les livres ouverts un peu partout et le gros chat qui la regarde, lui aussi, droit dans les yeux.

Le beau-père l'appelle du sous-sol à deux reprises sans qu'elle bouge, figée dans sa cape tricotée par la belle-mère, en orlon lavable.

— Jacquie! Viens que je t'explique le rangement, appelle à son tour madame Odette des profondeurs de la cave.

La pauvre bru contrariée pique vers le sous-sol tel un oiseau dépressif.

Odette vient s'excuser des impolitesses de Jacquie, affirmant que ça n'a aucun sens de dévisager ainsi les étrangers.

— Elle arrive de la campagne, avec son diplôme d'arts ménagers. Jacqueline est une deuxième de classe et une fille d'échevin; ces choses-là sont importantes quand on pense à l'avenir de ses petits-enfants.

Odette n'arrête pas de parler jusqu'à ce que son mari remonte du sous-sol avec le couple d'amoureux. Le chef demande la permission de s'asseoir et la tribu envahit les deux causeuses devant moi.

— Je réfléchis, ajoute magistralement le *pater familias*.

Il ferme alors les yeux et, à travers ses petits rideaux de chair, je le vois calculer le prix, additionner les avantages et soustraire les frais. Je vois son visage maigrelet tempêter dans différentes colonnes d'approbation et de doute. Un doute assez important pour faire gonfler le crâne du fonctionnaire et reculer ses flancs dans le ventre moelleux de la causeuse. Tout le monde se tait. Silencieusement, le chat grimpe sur mon épaule; il veut saisir ce que la petite lèvre entrouverte du paternel s'apprête à expulser.

— Quand viderez-vous la maison?

Mentalement, je suis déjà partie; je déambule entre les interminables rangées de duplex, dans l'eau du printemps, à la recherche d'un logement de moins de trois cents dollars pouvant contenir la moitié du ménage des gitans que mes enfants et moi deviendrons. J'ai déjà cédé nos pénates inutiles à la Saint-Vincent-de-Paul. L'argent de la vente de la maison servira à finaliser l'achat du casse-croûte. Et il n'y a que cela d'important. J'achèterai la peinture, les matériaux pour la rénovation, des nouvelles chaises, du beau tissu fleuri pour les rideaux et les nappes, la vaisselle manquante, je payerai l'enseigne à 625 $ et le notaire, et tout le reste ira à la première commande de nourriture nécessaire à l'ouverture.

Soudain, un grave oui sort de la bouche du facteur, ce qui me ramène immédiatement dans le salon de Boisbriand, où père et fils prononcent ensuite ensemble un deuxième oui, comme s'ils étaient à la recherche de l'indispensable acquiescement féminin. Ce double oui roule dans le salon, bondissant d'un fauteuil à l'autre. Il tombe sur la couverture de mon calepin, enthousiaste, poli et, finalement, extrêmement gêné.

Je m'empresse alors de répondre :

— Oui! Nous partirons le plus tôt possible pour que Jacqueline ait le temps de planter dans notre cour ses gros légumes d'Abitibi.

12

L'ouverture du restaurant Chez Cora

Au 605 du chemin de la Côte-Vertu, les travaux avancent dans l'enthousiasme. Je couds des rideaux et de jolies nappes dans un même tissu fleuri. Je tapisse les murs d'une illusion de plâtre blanc pendant que mes enfants repeignent les tuyaux ainsi que les pales des deux ventilateurs d'un beau noir contrastant. On achète des chaises neuves en métal avec des dossiers de cuirette noire et une vieille caisse enregistreuse qu'on installe à l'avant, sur le bout du comptoir. Sur les tablettes derrière la caisse, on place la radio de Titan ainsi que tous les morceaux qui restent du vieux service de vaisselle de feu la grand-mère Joséphine.

— Ça rappellera nos souches terriennes, déclare ma fille Julia.

— On mettra aussi des gros pots de confitures en vitre comme j'en ai vu dans les armoires bien garnies des maisons de la Gaspésie, que je m'empresse d'ajouter.

Julia enferme de grosses cuillères à soupe dans le fermoir métallique des pots. Marie, la petite amie

71

de Titan, suggère que nous mettions sur chaque table un vrai pot à sirop. On s'en procure toute une collection, mais tous sont différents parce qu'on les trouve, comme la vaisselle, à différents endroits : dans les magasins d'articles usagés, dans des marchés aux puces et dans des centres de liquidation, déjà populaires à cette époque.

La restauration telle que je m'apprête à la pratiquer est tout à fait différente de ce que je faisais avant la maladie de la brûlure; dans la grande brochetterie populaire, on ignorait le prix des tasses parce qu'elles arrivaient à coup de vingt caisses, directement de Chine. On ne se souciait jamais des petits détails, ni des morceaux des pâtisseries mal coupées qui atterrissaient dans la poubelle, ni des nombreux ustensiles qui disparaissaient enveloppés, avec les mégots des cendriers, dans les grands napperons souillés, ni de la tristesse inhabituelle d'une gérante, ni des larmes, ni des chuchotements, ni du silence, ni des départs d'employés.

On ne voyait rien d'autre que les interminables files d'attente qui se recomposaient infailliblement, chaque midi et chaque soir. C'était l'envoûtement de la nouveauté, parce que c'était la première fois qu'un Grec du boulevard Saint-Martin avait osé être différent. Par la suite, ils osèrent tous en copiant les uns sur les autres, tant et si bien que la clientèle en déroute les abandonnera à leurs luttes intestines de demi-prix, de soirées des dames ou de trois pour un.

Dieu merci, j'ai retenu la leçon que l'attrait de la nouveauté d'un concept peut entraîner le succès, mais qu'il n'en garantit jamais la longévité. Et j'ai compris que, lorsqu'on baisse ses prix pour attirer ou conserver une clientèle, on finit malgré tout par la perdre, puisque de toute façon il y aura toujours quelqu'un de plus fou ou de plus désespéré pour baisser davantage sa tarification.

Depuis notre arrivée, l'ancienne Miss Côte-Vertu s'est complètement transformée. Elle ouvre de nouveau les bras après trois longues années d'abandon des affaires. Certes, au cours des deux dernières années, elle a subi quelques vaines tentatives de réanimation. On nous a raconté qu'un Arabe l'avait complètement habillée de velours rouge pour servir des shishtaouk pendant quatre-vingt-deux jours ; qu'un autre lui avait tapissé les flancs de cuirette synthétique afin d'attirer au disque laser quelques rares funambules et que sa dernière métamorphose, celle qui lui avait fait croire à une mort définitive, lui avait tellement bourré les veines de courant électrique qu'elle s'était effondrée magistralement, deux heures après l'ouverture officielle des Fondues de la Princesse, entraînant avec elle trois cantonnières rose bonbon de chez Linen Chest, un dépôt de loyer encore impayé et quatre mois de bataille juridique.

Les habitués de Miss Côte-Vertu l'avaient longtemps pleurée. Déçus et inconsolables, tous gardaient au fond du cœur un épisode particulier avec elle : une liaison, une promesse et, pour certains, un douloureux sevrage.

Le boui-boui graisseux avait eu son heure de gloire, du temps où son propriétaire grec titubait entre la casserole et la caisse, surveillant sa femme, sa fille et la plantureuse Manon qui, à elle seule, assurrait la rentabilité de l'investissement hellène. En ce temps-là, Angelo Machinpoulos cuisinait chaque matin son menu continental en maudissant la planète Terre. Il implorait la clémence du ciel pour sa poulie de ventilation, sa femme pour qu'elle mette moins de viande dans la portion de London Steak et Adrianna, sa fille adorée et l'université du savoir familial, pour qu'elle lui indique de meilleures méthodes d'enrichissement. Angelo se disait qu'il devait y avoir moyen d'investir sans trop dépenser, dans les trains canadiens ou dans l'immobilier, dans l'or à la livre, ou dans ces secrets de l'Amérique que les écoles enseignent à ceux qui, comme sa fille, savent lire et écrire.

Même s'il avait fini par acheter l'édifice après quinze ans de loyaux services aux poêlons, Angelo demeurait convaincu qu'il existait d'autres façons de faire lorsqu'il abandonna le petit restaurant qui l'avait rendu à moitié riche, asthmatique et plus misérable que les collines décharnées de son Patras natal.

13

Le fameux déjeuner Bonjour!

Ce sont les anciens habitués qui, les premiers, poussent la porte du casse-croûte, attirés par le gros soleil planté sur la joue de Miss Côte-Vertu. Les grands rayons jaunes sortant du bois de la pancarte et les deux coqs à la crinière laquée rouge leur indiquent qu'ils sont les bienvenus dès l'heure «où le soleil quitte son édredon bleuté». Ils entrent, timides, en examinant une à une les étranges parures du nouvel établissement.

— Miss Côte-Vertu est encore vivante, disent les plus hardis. Elle est plaisante et accueillante, fraîche comme la rosée et chaude, blanche et voluptueuse avec ses nouvelles grosses tasses à l'anse généreuse pour les pouces des travailleurs du ciment.

— Miss Côte-Vertu est plus belle que jamais! ajoutent d'autres, audacieux.

Elle est plus attirante, mais d'une tout autre beauté; elle a quelque chose de nostalgique parce qu'on a tout de suite l'impression, en entrant, qu'une grand-tante va apparaître aux fourneaux ou que sa propre grand-mère va venir servir l'omelette. Miss Côte-Vertu a vraiment changé : de gourgandine adulée, elle est devenue une chaleureuse maman!

Malgré les nombreux avertissements de Ma chinpoulos — à son avis, j'avais l'air d'une vieille religieuse, je n'étais pas assez sexy et je ne m'y connaissais pas en marketing —, je continue à boutonner ma veste jusqu'au cou et à jouer mon rôle de bonne maman-poule. Marie, qui travaille maintenant à mes côtés comme serveuse, ne peut que m'approuver, en haussant subtilement sa jupe pour montrer ses cuisses de jeune poulette.

Les travailleurs de chez Canadair sont très matinaux; dès six heures dix, six heures quinze, ils arrivent avec les employés de chez Marchand Électrique et ceux des manufactures de la rue Pelletier. Des pompiers et des policiers de la municipalité entrent le quatrième matin avec quelques gars de la construction qui plantent des buildings rue Montpellier.

— Bonjour, monsieur! dit poliment Marie.

— Deux œufs bacon! répond un toupet encroûté de ciment.

— *Bonjour*, monsieur! insiste Marie.

— Deux œufs bacon! répond l'électricien.

— O.K.! Deux œufs bacon. Miroir ou tournés?

— Miroir. Avez-vous des patates rôties avec ça? demande le gaillard triomphant.

Ah ça oui! on en a, des belles patates rôties, comme celles que mon père nous faisait le samedi avec le reste des pommes de terre bouillies de toute la semaine.

— *Boss*, un BONJOUR miroir, me crie la Marie. Parce que lorsque je leur dit «bonjour», ajoute-t-elle, ils me répondent «deux œufs bacon»!

C'était en effet le genre de bonjour matinal que ces fidèles clients se faisaient servir par Machinpoulos : deux œufs avec bacon, jambon ou saucisses, crêpes en poudre ou trois demi-tranches de pain trempées dans un œuf battu et rôties dans la poêle à filet de sole de la veille. Pas étonnant qu'on ait eu besoin des charmes de la plantureuse Manon pour maintenir l'appétit des clients.

Comme nous n'avons rien du profil prisé par l'ancien propriétaire des lieux, il nous faut rapidement avoir recours à d'autres voies de séduction, qui finalement s'avéreront beaucoup plus efficaces et durables : charmer à grandes cuillerées de véritable sirop maison auquel on ajoute quelques gouttes de vanille pour l'adoucir; surprendre en cuisinant de succulents cretons dont l'arôme, infailliblement, vous pousse à vouloir y goûter; et ramener la véritable pâte à crêpe que nos grand-mères versaient dans la grosse poêle en fonte noire. Je me suis souvenue du mélange à la farine blanche que ma mère elle-même faisait dans la cuisine de Caplan, en ajoutant un à un de gros œufs frais dans le pli de la pâte.

L'encyclopédie de la cuisine de Jehane Benoit remplace rapidement *Le Complexe de Cendrillon* sur mon oreiller. *La Cuisine raisonnée* et la *Cuisine des belles fermières* deviennent mes lectures favorites. Je m'endors très souvent avec une illustration de pouding chômeur ou de renversé aux ananas collée en plein front. C'est facile pour moi d'apprendre en lisant; mais je réalise que ce me sera difficile d'écrire dans ce tumulte quotidien. En fait, cela s'avère impossible. Je n'écrirai plus une seule ligne après l'ouverture du casse-croûte si ce n'est la vague historiette d'un géant couché de bord en bord du restaurant, les orteils dans le vestibule et le crâne sur le balcon arrière. Mais le géant mythique est vite oublié pour laisser toute la place aux clients, de plus en plus nombreux. Ils arrivent avec leurs propres histoires, que nous devons empiler dans nos têtes, Marie et moi, pendant que, accoudées au comptoir, nous leur donnons la réplique comme à de la vraie famille.

14

Le déjeuner Bobby Button Morning Club

Bobby Button est un de ces premiers clients dont la personnalité s'imprime dans ma mémoire. Car Bobby a la fâcheuse manie de ne jamais oublier la petite cuillère d'argent avec laquelle il est sorti du ventre égyptien de dame Léona Abayoub. L'enfant gâté aurait rechigné sur le lait maternel si la décence le lui en avait donné la permission.

C'est le dessinateur de boutons de la manu-facture familiale qui a fait connaître notre restaurant à Bobby. Celui-ci raffole de notre nourriture, mais c'est toujours lui qui trouve le petit caillou dans la soupe aux pois du vendredi, une minuscule larme de sang sur la crinoline de son œuf ou, pire encore, un vrai poil d'*homo sapiens*, qui le fait bondir de sa chaise, indigné, pour retirer cette horreur de sa bouche devant tout le monde.

À chacune de ses visites, Bobby exige un dé-jeuner spécial : un BONJOUR avec du jambon au lieu du bacon; une crêpe au bacon sans le cheddar qui l'accompagne habituellement, ou avec du camembert ou du brie à la place du cheddar…

— Maman, devine ce que Bobby demande ce matin! me dit un jour Julia, l'air consterné.

— Vas-y, Julia, lance ta commande; on va lui faire ce qu'il veut.

— Bobby veut une omelette au bacon avec tomates…

— O.K., c'est facile!

— Attends, maman! Bobby veut que tu lui serves son omelette entre deux grandes crêpes à la farine blanche!

Je remercie déjà le ciel de nous l'avoir envoyé lorsque le blanc-bec tend le cou dans ma cuisine.

— Bobby, c'est une idée géniale, cette omelette entre les deux grosses crêpes. Je n'y aurais jamais pensé moi-même!

Après avoir caché l'omelette entre les deux grandes crêpes, je dois couper le gros sandwich en quatre morceaux pour réussir à l'installer dans l'assiette oblongue dans laquelle nous servons habituellement les crêpes. Et cela a tout de suite l'air d'un gros club sandwich aplati. Une montagne de fruits remplace les frites, et le tour est joué! Je jubile. Grâce à ce client exigeant, le BOBBY BUTTON MORNING CLUB vient tout juste de s'ajouter au petit répertoire des délices «Cora».

15

Le déjeuner Jo Tabah

À titre de manufacturier d'uniformes de travail, Jo Tabah, comme Bobby Button, gagne, lui aussi, sa croûte en essayant d'attirer la faune de la populeuse rue Chabanel. Lorsqu'il s'aventure pour la première fois dans le nouveau décor de l'ancien snack-bar qu'il avait l'habitude de fréquenter, l'homme doit, comme avant, plier le cou pour franchir la porte et se replier les ergots pour réussir à ranger ses membres inférieurs sous la minuscule table pour deux. Puis, reniflant l'inhabituelle odeur qui s'échappe de la cafetière, il commande à la serveuse :

— Deux œufs bacon miroir, et deux saucisses avec ça, mademoiselle.

— Un BONJOUR avec deux saucisses! me crie Marie.

— Non, non, mademoiselle. Je ne veux pas autre chose que deux œufs bacon avec saucisses.

Marie essaie de lui expliquer que, chez nous, «deux œufs bacon», ça s'appelle un BONJOUR, lorsque l'homme lui lance de faire ce qu'elle entend bien.

81

— Un JO TABAH miroir! conclut la petite Marie en dirigeant son porte-voix vers mon oreille.

Sérieux comme un pape, Jo Tabah enfile trois tasses de café avant que l'assiette n'ait le temps d'atterrir devant lui. Il asperge ensuite généreusement ses œufs de ketchup et les avale sans un seul plissement du front, puis paie son déjeuner en laissant un généreux pourboire à Marie.

Jo Tabah se montre à la hauteur de l'honneur que celle-ci lui a fait puisqu'il reviendra le lendemain, et tous les autres jours qu'Allah voudra bien étendre sous ses semelles de coupeur de tabliers.

16

Chaque client est une personnalité

Le clan Saint-Joachim vit éparpillé aux alentours d'un bunker construit en véritable marbre d'Italie et situé non loin du casse-croûte. De cette famille de garçons à l'âme bien triste, Fafard, le plus jeune, semblait faire partie de l'équipement, quand nous avons acheté le restaurant. Vingt fois par jour, nous le surprenons à faire semblant de lire quelque chose d'important dans le journal. Il a la manie de toujours polir sa cuillère à café, qu'on ne dirait jamais assez propre pour lui, ou son couteau, lorsqu'il mange en chialant sur l'épaisseur de sa crêpe. Fafard connaît la vie en grand parleur, et surtout le sexe, où s'est réfugiée son incommensurable déception amoureuse. On nous a raconté qu'il a été trahi par son meilleur ami, dans son propre lit, pendant qu'il faisait des heures supplémentaires pour acheter le rubis convoité par sa fiancée. Depuis l'affront, Fafard se venge en provoquant; lorsqu'il parle du cul, le mécanicien se métamorphose en psychologue et devient à la fois affirmatif et incohérent. Il a bien connu la Manon de Machinpoulos ainsi que chacun des anciens clients du casse-croûte qu'il fréquente depuis sa transformation en adulte expérimenté.

Son grand frère Marcel est lui aussi un client assidu, qui connaît les adresses de toutes les plus belles filles de la municipalité et chacun des moteurs malades dans ses parkings. S'exprimant sans jamais prononcer une vraie phrase, Marcel est beaucoup plus silencieux que son frère. Sauf le rajeunissement des vieilles Corvette, on pourrait dire que rien au monde ne l'intéresse. Marcel habite avec un autre frère, brocanteur et revendeur de chaises d'époque à trois pattes, un marchand encore trop pauvre pour boire chez nous du café à quatre-vingts cents la tasse. Cet Émile franchira pourtant notre seuil une seule fois, le jour de la mort du père Saint-Joachim. Et ce sera Bertrand, le quatrième frère, laveur de tapis marié à l'extérieur du clan, qui paiera les nombreux cafés que les rejetons Saint-Joachim avaleront ce matin-là, entre hommes, sans verser une seule larme.

Notre Fafard ne nous a jamais parlé de sa mère, même pas lorsque Marie s'assoit près de lui pour jaser «à cœur ouvert», comme elle aime à dire. Parfois, vers onze heures, après la vaisselle du déjeuner et au moment où le parfum du dessert bataille pour sortir du four, le jeune homme parvient à articuler quelques confidences à voix basse pour la gentille petite Marie. Il parle de son job, de ses patrons, de ses compagnons de travail, et de l'augmentation du salaire minimum dont il se fout royalement parce que ça n'empêche pas le risque qu'une grosse pièce d'équipement vous écrabouille un bras ou un pied. Il décrit à Marie ses compagnons de travail, leurs efforts et les multiples frustrations que ce régime capitaliste impose à la classe ouvrière.

17

Les déjeuners comme spécialité

Je n'ai plus écrit une seule ligne et tous les jours, je dois me lever avant l'aube, revêtir le terrible uniforme blanc javellisé du métier, tresser ma crinière et réveiller la pauvre Marie qui se plaint toujours de ne jamais avoir le temps de terminer un rêve. Elle arrive au casse-croûte la tête en broussaille, ses bas quelquefois troués, et portant, la plupart du temps, une jupette trop serrée... enfilée de travers.

— À deux pouces du bonheur, s'exclame alors Maurice, le brave livreur de Délipro.

L'indéfinissable chicane d'amour et de réprimandes que Marie et moi entretenons en public comme en privé contribue, en grande partie, à notre popularité. Notre jeu de l'affection et de la tendresse a un effet sur tout le monde au casse-croûte. Je lui reproche la soupe trop épaisse, elle, le bacon pas assez cuit; on discute de la dépense inutile de Windex. Et l'épouvantable façon qu'elle a de tutoyer les clients, du plus jeune au plus vieux. La vérité, c'est que j'envie sa chaleureuse familiarité qui lui permet d'être instantanément en relation avec toute âme entrant dans son champ de vision. Je voudrais faire partie de cette camaraderie du monde, sortir de ma triste singularité et sauter dans la foule comme un marmot dans son carré de sable.

Paradoxalement, ce sont souvent les pompiers qui allument les premiers feux du casse-croûte : le feu béni du café, celui de la grillette à œufs et celui de la cuisinière Garland sur laquelle une énorme poêle attend sa première cargaison de patates à rôtir. Les gais lurons arrivent avant nous au casse-croûte et ils ont pris l'habitude de nous aider à démarrer la journée en fredonnant leur mélopée de gaillards trop bien traités.

Un certain vendredi particulièrement occupé, environ trois à quatre mois après l'ouverture, un drôle de bonhomme pose ses grandes palettes de bras à l'extrémité du comptoir touchant à la cuisine. On vient de finir la vaisselle du matin lorsque l'étranger étire le cou jusqu'à presque toucher aux vieux équipements de Machinpoulos. Puis, comme n'importe quel nouveau client, l'homme s'informe de notre pedigree. Il réfléchit et demande ensuite, en me dévisageant, combien de temps encore nous comptons endurer ces vieilles antiquités métalliques.

L'étranger a raison de s'interroger. Notre cuisine est remplie d'appareils désuets servant à préparer ce que tous les snack-bars de la planète servent à leur clientèle : des club sandwiches que l'on écrabouille en les coupant, des chiens chauds aux entrailles mouillées et dégueulasses, des burgers calcinés en raison d'un réchaud au charbon de bois déréglé et des poutines à la sauce en conserve que mes propres enfants refusent de manger! Alors, lorsque le brocanteur de Saint-Hyacinthe me propose d'échanger friteuse, grillette, réchaud et *steamer* contre une belle grande plaque de cuisson provenant des chantiers de la Baie-James, moyennant un p'tit extra de cinq cents dollars, j'ai l'impression que l'habile marchand lit dans mes pensées. Le déjeuner étant le repas le plus populaire du casse-croûte, je décide en effet, en une fraction de seconde, de modifier la vocation de l'établissement en le transformant en une source intarissable de gastronomie matinale.

— D'accord, monsieur, j'accepte. Nous irons ce soir même à Saint-Hyacinthe voir votre plaque, avec… hum… trois cents dollars.

— Marché conclu, ma p'tite dame. Vous ne regretterez pas votre décision!

On n'a jamais regretté. J'avais acheté le casse-croûte pour gagner ma vie, et voilà qu'après seulement quelques mois de labeur me venait une idée géniale, par l'entremise d'un vendeur d'articles usagés.

Je constaterai plus tard que la providence nous laisse toujours faire nos premiers pas avant de se manifester. Elle attend que l'on démontre un véritable engagement dans le choix qu'on a fait, puis, lorsqu'elle s'aperçoit qu'on a les deux pieds dans le bassin, elle nous frappe délicatement de sa baguette magique. Non, non, elle ne vient pas s'asseoir avec nous sur le divan de notre salon pour discuter d'avenir : elle attend qu'on passe à l'action!

En ce qui me concerne, elle m'a laissée répondre librement à l'appel de la vocation, choisir de travailler, passer à l'action, acheter le casse-croûte, y investir tout mon pécule, trimer pour le rénover et me consacrer entièrement à sa clientèle.

Puis, lorsqu'elle a été convaincue de ma bonne volonté, en une fraction de seconde elle a changé ma vie en modifiant la vocation du petit restaurant. Je découvrirai bientôt qu'elle avait aussi injecté dans mes veines le courage et le caractère nécessaires pour mener à bien ma nouvelle mission.

Ainsi, sur la nouvelle plaque Miraclean, certains matins, j'ai jusqu'à dix couples d'œufs qui frétillent. Il faut faire vite pour que les premiers arrivés saluent leurs voisins et quittent la rangée avant que la chaleur ne coagule trop leurs costumes d'albumine. Car chaque couple de danseurs fait l'objet d'une demande bien précise : tournés, miroir, brouillés, bien cuits ou mollets. Les ballerines se laissent happer par la spatule métallique et déposer dans l'assiette blanche près des demi-lunes de jambon ou entre deux troncs costaux de saucisses à la sarriette.

Mes mains s'affairent au-dessus de la cohorte de têtes jaunes et mes oreilles, au lieu d'entendre le friselis des crinolines sur le pavé brûlant, perçoivent maintenant un phénomène qui a, depuis peu, commencé à envahir le casse-croûte. Je réalise que je ne suis plus seule dans la cuisine. Depuis l'installation de la grande plaque Miraclean, une main translucide s'agite au-dessus de la mienne. Des yeux microscopiques se sont juxtaposés aux miens, qui sont maintenant dotés d'une nouvelle faculté d'analyse leur permettant de voir toutes sortes de possibilités fantastiques. Même ma voix, je m'en aperçois souvent, passe à travers un tamis et en ressort plus onctueuse, plus limpide, et avance beaucoup plus loin dans le cœur du client. Mon corps devient plus vigoureux, comme s'il avait été miraculeusement recréé. Je suis maintenant capable de travailler debout dix, douze heures d'affilée sans aucune fatigue et sans cette terrible brûlure des pieds succombant sous le poids de la charpente. À l'occasion, l'ange transparent s'empare aussi de ma tête. Il en rebâtit complètement l'imaginaire et le rend capable d'inventer de nouvelles sagas dans lesquelles le goût et l'apparence deviennent mes héros favoris. Encore inapte à véritablement la voir, je ressens le souffle de l'aura bénéfique. Cela m'inspire, me tient compagnie. Et malgré mon entêtement de certains jours à ne pas croire en son existence, la providence réapparaît toujours. Elle arrive par une fente d'une vitre, sur le pavé d'une crêpe ou tout simplement accroupie sur le mot d'un voisin atteri à l'instant où je m'apprête à perdre courage.

18

Une crêpe aux pommes pour le boulanger

Parfois, la providence se manifeste en m'envoyant des anges. Ainsi, chaque matin, monsieur Pom, notre boulanger préféré, nous laisse plonger dans sa joyeuse hémisphère. D'une plaisanterie à l'autre, il corde ses pains derrière le comptoir en basculant son immense corps à cent quatre-vingts degrés. Il avale ensuite une ou deux tasses de café en nous encourageant.

— Quand ça sent bon, dit-il, ça goûte encore meilleur.

Très souvent, nous créons pour lui une nouvelle assiette juste pour le voir se pourlécher les babines. Ainsi, un matin d'octobre, c'est la délicieuse crêpe aux pommes de notre menu. On étale la pâte à crêpe sur la plaque avec un mince bâton de bois, puis on la laisse bien cuire avant de la retourner. Sur le côté déjà bruni de la crêpe, on râpe presque entièrement une belle grosse pomme. On recouvre la tombée de fruit de fromage cheddar extrafort râpé, puis on saupoudre de cannelle. On plie ensuite la crêpe en deux et on laisse cuire encore quelques minutes pour permettre au fromage de bien embrasser la chair du fruit.

Chaque fois qu'on sert le chef-d'œuvre au boulanger, ses yeux s'agrandissent comme des soucoupes. Mais il ne faut jamais oublier de mettre sur le comptoir, à portée de sa patte, la «salière» de cannelle, parce qu'il en ajoute toujours en précisant qu'aujourd'hui les choses ne goûtent plus comme avant. Et le goût des aliments, il en sait quelque chose, puisque c'est lui qui, chaque samedi, prépare la sauce à spaghetti familiale, en s'assurant qu'il y ait suffisamment de poivre, d'épices italiennes et de Bovril, pendant que madame Pom lave elle-même les dix-huit vieillards de la Résidence Les Prés verts à Lachine.

Craignant probablement un semblable exil, monsieur Sarto, quatre-vingt-huit ans, grimpe allègrement les deux marches en ciment devant le casse-croûte et entre s'asseoir près de son ami Fafard. Puis, comme pour bloquer l'inévitable tremblement des os après l'effort, il s'empresse de joindre ses menottes jaunies, en cachette, sous le comptoir. Monsieur Sarto commande du thé très sucré et attend que son ami lance quelque nouvelle grivoiserie digne de lui baratter la carapace. Marie n'aime pas beaucoup ce vieillard et elle ne manque jamais une occasion de lui râper les doigts en nettoyant son comptoir à l'eau de Javel, attendant même qu'il se soit bien installé sur le tabouret pour entreprendre son grand ménage. Elle frotte la surface orangée du comptoir jusqu'à ce que le vieux maquignon finisse par manquer d'air.

Il tournoie alors, mi-blanc, mi-vert, s'esclaffe au propos de Fafard et finit par tomber sur le pommeau de sa canne en forme de tête de serpent. Il toussote, lance un dix cents à la petite serveuse et se retire jusqu'au lendemain.

— On peut maintenant sortir le gâteau du four! crie Marie. Le corbeau vient de partir.

Marie fait allusion à un dessert que je prépare chaque jour. Dans un grand moule, je couche sur un lit de sucre plusieurs rangées de tranches de fruits frais (des pommes, des poires, des pêches et, quelques rares fois, des cerises de saison), saupoudrées de muscade ou de vanille, selon le fruit. Je recouvre ensuite le tout d'un mélange à gâteau décrit dans le répertoire de recettes primées de la revue *Châtelaine*. Cela donne un renversé qui renverse tout le monde et dont souvent à midi, les hommes en complets foncés se chicanent les derniers morceaux. Nappé de véritable crème, comme on n'en voit déjà plus dans les casse-croûte à cette époque, ce dessert parle directement au cœur du client, avec les mots de sa mère ou de sa grand-mère Béatrice, Marie-Ange ou Georgiana, qui, elle, prenait encore le temps de cuisiner et préparait des plats aux saveurs dignes de sa lignée.

Nos clients apprécient nos mets probablement parce que, lorsqu'ils mangent nos soupes, nos desserts ou nos pâtés chinois, ils ont l'impression d'appartenir à quelque chose de plus grandiose que leur présente réalité. C'est comme si le casse-croûte était un immense écran de cinéma et que, dans le film qui y était projeté, ils jouaient les meilleurs rôles. Malgré tous les soubresauts de mon inspiration, on dirait que ma nourriture perpétue une tradition ; j'ai l'impression que la saveur de nos assiettes ravive le souvenir d'un passé où les clients désirent continuer à exister. Je commence aussi à penser que notre métier n'en est pas seulement un de la nourriture, mais aussi et surtout du plaisir. Nous procurons ce magnifique premier plaisir enfantin que représente une grosse cuillerée de saveur lorsqu'elle entre dans la bouche. Nous sommes là pour rajeunir mentalement le client et l'amener à croire, encore une fois, que la vie est amusante, savoureuse et vivifiante.

19

Le déjeuner Rosemary's Sunday

Bien que nous n'ayons pu obtenir la permission de servir des repas à l'extérieur, nous prenons la chance d'installer quatre petites tables à deux places sur l'étroit perron devant le casse-croûte. La chaleur qui règne à l'intérieur du boui-boui augmente dangereusement la popularité de notre infraction.

Ma fille Julia n'est pas la serveuse la plus rapide du casse-croûte, mais elle est celle qui y attire le plus de clients. En poste à la nouvelle terrasse, elle doit manœuvrer habilement pour maintenir la paix entre les clients s'arrachant les chaises au balcon. Ainsi, un dimanche particulièrement chaud, elle n'a pas le temps de discuter avec l'Anglaise qui lui demande « un BONJOUR (deux œufs bacon) avec *two* p'tites crêpes *blueberries in the same plate, please* ».

— *No problem, Miss! Would you tell me your name?* (Pas de problème, mademoiselle! Me diriez-vous votre nom?)

— *Why? Why should I tell you my name to get my breakfast?* (Pourquoi devrais-je vous dire mon nom pour obtenir mon déjeuner?)

— *Don't worry, Miss. It's only because of my mother. She has an knack for inventing titles for new breakfasts.* (Ne vous en faites pas, mademoiselle. C'est à cause de ma mère; elle a la manie de donner des titres aux nouveaux déjeuners.)

— *My name is Rosemary Martingale*, répond la cliente rassurée.

— Maman! Maman! crie Julia en entrant dans le casse-croûte. Il y a une Rosemary sur le balcon qui veut un BONJOUR avec deux crêpes aux bleuets dans la même assiette.

J'allais me contenter de dire « d'accord, Julia » lorsque ma fille insiste pour me provoquer devant tout le monde.

— Maman, est-ce que tu ne vas pas inventer un nom pour ce nouveau plat?

La chaleur de la plaque a fait fondre la tuyauterie de mon intelligence et ce sont des phalanges robotisées qui exécutent les commandes, l'une après l'autre, sans interruption. N'ayant pas obtenu de réponse à sa question, Julia cogne deux verres l'un contre l'autre devant mes yeux.

— Maman! La Rosemary du balcon mérite une invention.

— De quoi est-ce que tu parles, Julia? Qu'est-ce que *Rosemary's Baby* vient faire ici, dans cette chaleur?

— Pas *Rosemary's Baby*, maman, ROSEMARY'S SUNDAY!

— Quoi? Quoi, Julia? Qu'est-ce que tu dis maintenant?

— Maman! Laisse faire, maman! On vient juste d'inventer un nouveau plat, l'Anglaise et moi, sur la galerie! Donne-moi un BONJOUR avec deux petites crêpes aux bleuets dans la même assiette.

Quelques jours plus tard, la municipalité nous somme de ne plus servir de nourriture à l'extérieur. Nous enlevons les tables sur-le-champ, pas trop déçus, malgré tout, puisque la galerie a eu le temps de nous donner un déjeuner inoubliable.

20

Le gâteau Reine-Élisabeth

Un jour, un travailleur d'Hydro-Québec m'apporte la recette du gâteau Reine-Élisabeth de sa grand-mère Pamela, recopiée sur du beau papier acheté spécialement à cet effet. C'est un grand bonhomme poli et sensible qui se cache sous l'uniforme gris et qui me tend le parchemin enrubanné; un homme dont les yeux quémandent timidement un sourire, une attention, quelque chose qui m'incite à offrir un deuxième bol de soupe, à verser une autre cuillerée de sauce sur l'hamburger steak ou à réchauffer le café une troisième fois. Parce que je suis maintenant capable de reconnaître un regard affamé, je sais, au fond de mon cœur, que ce genre de don de soupe ne sera jamais suffisant pour combler certains vides trop profonds.

Enfin!... Il faut d'abord hacher les dattes, les ébouillanter avec une tasse d'eau chaude et les laisser tiédir après y avoir ajouté une pincée de soda à pâte.

Il y a de ces clients irrésistibles qui vous apportent des recettes, d'autres qui vous envoient des cartes postales de leur voyage au Mexique, et d'autres encore qui vous invitent à souper juste pour jaser! J'avoue que parfois c'est difficile de rester aussi solide que Sœur Angèle devant une belle côtelette.

Dans un autre bol, mélanger du sucre blanc, du beurre et un œuf, puis verser dans la préparation crémeuse de dattes. Ajouter à ce nouveau mélange de la farine, un peu de poudre à pâte et une cuillère à thé de sel. Je me lève avant le coq et j'ai besoin d'avoir dormi pour accueillir stoïquement autant d'amour sans faiblir.

Ajouter des noix hachées à la préparation et faire cuire à 350 °F pendant environ 45 minutes.

Damnée misère! Dire que je pleure d'être encore célibataire!

Sortir le gâteau du four et y verser du sucre à la crème encore chaud auquel aura été ajoutée de la noix de coco, ou encore un peu de noix hachées.

Le surlendemain, le bel électricien s'électrocute les papilles en croquant dans mon gâteau Reine-Élisabeth-Cora.

Mon Dieu que c'est difficile de ne pas pouvoir réconforter à satiété tous ces marmots en bottes de construction qui vous redemandent du vrai beurre sur le même ton qu'ils vous racontent leurs aventures les plus intimes! Prenez cet autre client que nous avons surnommé monsieur l'Espion à cause de l'aura de mystère qui l'entoure. Même lui finira par nous avouer qu'il est Libanais, célibataire, sans le sou, sans famille, et sans aucun autre attachement qu'un travail à temps partiel d'ouvreur de pizza dans le sous-sol du complexe La Cité. Toutes les deux semaines, monsieur l'Espion dévore chez nous, avec un calme princier, ses deux œufs saucisses que, chaque fois, nous voulons lui offrir gratuitement. Il refuse et paie sa note en laissant un généreux pourboire et en nous faisant cadeau d'un merveilleux sourire bourré de dents en or à la vue desquelles Marie et moi imaginons une histoire des plus tragiques.

C'est probablement ce que je trouve de plus souffrant au casse-croûte : ne jamais connaître véritablement les clients; ne jamais comprendre réellement ce que leurs yeux meurent de vous dire; ne jamais savoir ce qui arrive dans leurs vies, le soir, lorsqu'ils rentrent chez eux. Ne jamais savoir pourquoi ils viennent chez nous, ce qu'ils y trouvent, et pourquoi soudainement ils en disparaissent à jamais. Qui sont-ils, que cherchent-ils et que deviendront-ils demain? C'est souffrant de n'avoir aucune raison de demander, de n'être personne d'autre qu'une maman de rue devant se priver à chaque instant du bonheur de créer des liens. Je suppose que c'est fait exprès pour nous rendre plus généreuse, parce que l'enfant, c'est la foule, et le papa, c'est la vie. Les mamans ne sont-elles pas des passages, des corridors que les esprits utilisent pour faciliter leur matérialisation? Les mamans accueillent, couvent, restaurent et doivent à leur tour favoriser le cheminement des oisillons. Savoir que je sers de passerelle m'aide à continuer. J'aime ce rôle de confidente anonyme, muette, et complice; j'aime servir les gens, et faire du bien aux autres; soulager la douleur momentanée d'un œil noyé de peine ou celle plus tragique d'un doigt brutalement amputé de son anneau de mariage. Je me rends compte que le malheur d'autrui s'amenuise à mesure qu'il coule dans une troisième oreille.

21

Un garagiste bien intentionné

— Vous aurez sûrement besoin de cartes d'affaires! nous lance un jour le grand Dickrem, fièrement fagoté dans sa salopette Esso.

Le vaillant chevalier est l'époux d'une étrange créature à la tête envahie par tous les sables du Sahara et que nous n'avons vue qu'une seule fois, un après-midi d'été. Se tenant le crâne à deux mains, Zarrifa nous a parlé de son amour pour Dicky, de leur trois et demi de la rue Sauvé et des économies qu'elle faisait à courir avec sa sœur Noula d'un Jean Coutu à l'autre pour acheter les mouchoirs de papier, le savon Tide et les précieuses capsules de ginseng que le docteur Bistikiou prescrit aux immigrantes égyptiennes. S'il savait qu'elle était venue, son Dicky la disputerait sûrement de nous avoir dérangés, d'avoir bu plusieurs cafés et surtout d'avoir voulu nous connaître, nous, dont son homme parlait constamment depuis la réanimation de Miss Côte-Vertu.

Oui, les clients commencent à nous demander des cartes professionnelles et Dickrem offre de nous les faire gratuitement à l'imprimerie d'un compatriote libanais où il travaille quatre nuits par semaine. À chacune de ses visites au comptoir, le garagiste m'apporte de mignonnes petites cartes blanches que je m'amuse à remplir de dessins. Un jour, j'y trace un gros soleil à gauche avec des petits rayons jaunes et la mention « cuisine maman » en dessous du nom CHEZ CORA.

— La cuisine maman, c'est des bonnes crêpes au sirop, du pâté chinois, du macaroni à la viande et du ragoût de poule aux dumplings, explique Marie au nouveau client qui vient tout juste de s'installer au comptoir.

— Des dum... quoi? demande le client éberlué par son débit vocal.

— Des dumplings, monsieur; ce sont des espèces de petits nuages de pâte qui gonflent dans le bouillon.

Monsieur l'Italien a l'avantage d'être le plus beau quinquagénaire jamais apparu au casse-croûte. Il revient de temps à autre pour goûter à la fameuse cuisine maman et Marie finit par apprendre qu'il est l'heureux propriétaire d'un café de la rue Saint-Laurent, près de Jean-Talon. Marie insinue que l'homme a drôlement l'air de savoir comment profiter du soleil des tropiques et de la tête de Sa Majesté sur les billets verts.

Quant à moi, mon bonheur consiste maintenant à dessiner des têtes de cochons roses dans le *O* du *jambon* sur une pancarte, des bananes jaunes dans les courbes du *B* de *Banane à la crème* et des petites carottes dans le sillon des *T* d'un mobile annonçant mon tout nouveau gâteau. J'embellis chaque mot avec des maisonnettes à la cheminée fumante, des abeilles laborieuses pour les tartines de miel ou des poissons diamantés nageant dans l'océan du *O* de saumon. Je m'amuse à ajouter de la saveur à la crudité des mots de cuisine. J'adore écrire avec des pointes de fromage, des quartiers de melon d'eau, des cocos bruns pour les omelettes et des poulettes blanches valsant sur le rebord des grandes assiettes à déjeuner.

Et, oui, il m'arrive même de succomber au bleu d'un œil mâle dont la profondeur me happe soudainement. J'accepte d'aller m'asseoir avec lui dans le gazon d'un parc où, pendant quelques heures, il discourt sur la dictature conjugale; puis, certains soirs, je vais le voir patiner à l'aréna de la rue Timmens. J'aime ses fantasmes et les étranges allures que prend son cœur lorsqu'il bataille pour se débattre. En rêvant de partir avec moi, Thierry dessine à l'encre, sur son napperon, de jolis petits voiliers qui ne prendront jamais la mer, foi de Marie, puisqu'elle jette elle-même les pauvres navires à la poubelle avec la demie de l'omelette au véritable fromage suisse que l'amoureux pantois n'a jamais le courage de terminer.

— Calme-toi, Marie! Je ne m'en irais nulle part, dis-je pour la rassurer.

Puisque mon amour, c'est maintenant ce petit restaurant de vingt-neuf places.

C'est tellement facile de séduire dans un casse-croûte lorsqu'on accepte de s'accouder au comptoir pour écouter; lorsqu'on laisse les mâles respirer la cannelle de nos doigts ou la mie chaude de nos joues lorsqu'elles s'esclaffent. C'est facile pour eux d'imaginer des cerises au marasquin à la place de nos yeux et une grande porte de fourneau dans le tablier qui recouvre notre ventre. Ils boivent nos paroles comme si elles étaient des promesses à des marmots et rougissent devant le petit morceau de sucre à la crème spécialement emballé pour eux. Je sais que ces cavaliers m'apporteraient la lune si, d'aventure, j'exprimais le désir de la faire rissoler sur ma plaque chauffante. Mais je ne demande rien. Et c'est justement dans ce silence qu'ils désirent plonger comme des poissons dans le lac, leurs yeux s'enfilant entre les vagues pour me rejoindre ou me dire, différemment de tous les autres, à quel point ils m'apprécient. Dans les casse-croûte, ce genre d'amourettes platoniques poussent aussi rapidement que des tomates dans une serre.

22

La chaudrée de palourdes

Le bouillon crémeux de la chaudrée avait l'habitude de coller au fond des vieilles casseroles d'Angelo. Je faisais suer les légumes, j'ajoutais de l'eau ou du lait et, à ébullition, j'épaississais à la farine délayée dans un peu d'eau. Le résultat s'avérait désastreux.

— Grumotteux! disait Nicholas, mon plus jeune fils.

— Ouache! maman! Ça goûte le brûlé! ajoutait Julia pour une fois d'accord avec son frérot.

Le goût du lait collé était mon pire cauchemar d'apprentie cuisinière.

Puis un jour, je découvre dans *La Presse* du samedi la vraie recette du *New England Clam Chowder*, selon Jasper White. Le gars fait frétiller les palourdes dans une casserole avec les échalotes, l'ail, les patates coupées en petits dés, le persil haché et du beurre. Dans une autre casserole, il fait chauffer du lait (qui pourrait être dilué avec un peu d'eau). Lorsque le liquide commence à frémir, il l'épaissit avec un roux déjà préparé à partir d'une quantité égale de beurre et de farine blanche. Il brasse doucement, puis verse l'onctueuse crème ainsi obtenue dans la casserole de mollusques.

Le lundi suivant, je m'empresse d'utiliser cette méthode, et une soupe digne de plusieurs étoiles est servie au petit comptoir de Côte-Vertu. Après en avoir elle-même avalé deux gros bols, Julia insiste pour s'exercer à préparer le roux. À cette époque, toutes les deux, nous ne savons pas encore qu'il suffit de faire blondir la farine dans le beurre, ou de la faire complètement brunir, pour obtenir le roux blond ou brun dont parle le grand Bocuse dans sa bible de la gastronomie.

— La soupe, disait mon beau-frère grec, c'est la signature d'un restaurateur!

Et, comme Antigone ripostant au roi Créon, je me permets ici d'ajouter qu'un client à qui l'on sert une mauvaise soupe devrait avoir le droit de se lever et de quitter immédiatement l'établissement du piètre amphitryon. La soupe est en quelque sorte l'hôtesse du repas; celle qui nous offre le premier sourire, celle qui, hiver comme été, nous réchauffe le cœur et nous renseigne sur l'importance qu'accorde un restaurateur au goût de sa nourriture. La soupe nous renseigne aussi sur le temps qu'il fait, sur la saison, sur les habitudes culturelles d'un peuple et, presque toujours, sur la générosité de celui qui la prépare.

Lorsqu'il concocte sa soupe, un bon cuisinier doit toujours s'imaginer que vingt ventres affamés et quarante narines à l'affût sont installés devant lui, de l'autre côté du comptoir. Le cuisinier doit se rappeler qu'en s'attablant les clients ne savent pas encore lequel de leurs souvenirs enfantins aura ce jour-là le bonheur de leur chatouiller la luette, et que c'est justement cette ignorance qui a le pouvoir de décupler le plaisir gastronomique.

Dans un casse-croûte, la soupe sert aussi de prétexte à évoquer toutes sortes d'anecdotes drôles ou gentilles concernant les clients réguliers, les avatars de la patronne ou tout simplement le saint du jour, par exemple sainte Gudule, qui appréciait le porto dans le potage. Parmi les anecdotes liées à la soupe, l'une de mes préférées est celle de la *pop corn soup* du vieil Anglais qui ne comprenait pas du tout ce qu'une crème de blé d'Inde voulait dire.

23

Le déjeuner Seven of July

Les premiers dimanches désertiques de juillet deviennent mes plus belles pages de composition puisqu'ils me donnent le temps de converser avec la clientèle. De jaser, par exemple, avec Betty, la jeune divorcée du building d'en face :

— Mon mari paye le loyer pour quatre mois encore, mais après, qu'est-ce que je vais faire pour joindre les deux bouts ? qu'elle me demande, à moi qui a, en plus, trois adolescents à nourrir.

— Ouvre un petit restaurant avec ton amie Flora, que je lui réponds. Elle non plus ne sait pas quoi faire depuis que son joueur de tennis est parti avec la blondinette !

— Faut jamais sous-estimer un Irlandais ! intervient vivement une dénommée Mary E. Falcon, installée au comptoir. Les Irlandais sont des hommes d'honneur qui préféreront vous laisser leur fortune plutôt que de subir votre disgrâce, ajoute-t-elle en picorant quelques bleuets frais dans son assiette.

Le déjeuner SEVEN OF JULY remonte à ces premiers dimanches à Côte-Vertu. Comme il était alors d'usage de fermer les casse-croûte le dimanche, le nôtre souffrait tragiquement de solitude.

— Faut absolument trouver quelque chose pour tremper le nez du chat dans notre bol de lait, s'exclame un jour Julia, désemparée.

La brave Évelyne suggère de baisser les prix cette journée-là, mais je la menace de mettre fin à son séjour parmi nous. Finalement c'est Fatima qui propose d'utiliser le tableau du menu du jour pour y annoncer, durant la semaine, de nouveaux plats qui seraient offerts en exclusivité le dimanche. On en parlerait toute la semaine pour aguicher les gourmands, les inciter à faire le détour pour revenir le dimanche. Nous voilà tout enthousiasmées par la suggestion. Il s'agit maintenant d'inventer quelque chose d'encore plus génial que tout ce qui est déjà dessiné sur nos murs.

— Facile! déclare Évelyne. Cora, à quoi tu penses?

Un détecteur d'idées a déjà entrepris le ratissage de mon encéphale. On pourrait exagérer l'originalité d'une crêpe ou ajouter des zestes d'agrumes pour améliorer l'arôme des pains dorés, mais ce serait superflu puisque ces aliments sont déjà très prisés par la clientèle.

— Et si on mettait des crêpes et du pain doré dans la même assiette? Qu'est-ce que vous en pensez, les filles? propose Évelyne.

— Ouais… dit Fatima, il me semble que ça manque de punch.

— Pas si on y ajoute une belle montagne de fruits mélangés, saupoudrée de neige [notre façon de désigner le sucre en poudre], réplique Julia, enthousiasmée.

Il me suffit d'ajouter qu'on pourrait aussi servir le nouveau plat nappé d'un coulis de framboises pour que la folie s'empare du casse-croûte.

— Oui! Mais comment est-ce qu'on va appeler ce régal, *boss*?

— L'Évelyne et Fatima? Non, ça se dit trop mal!

— Pourquoi pas la date d'aujourd'hui : «sept de juillet»?

— C'est pas très accrocheur, commente Julia. Qu'est-ce que vous pensez de «*Seven of July*»?

— Pourquoi pas? La moitié de notre clientèle est anglaise, et on se chargera d'expliquer le nom et le contenu de l'assiette à l'autre moitié. Tu peux compter sur nous, de conclure Fatima en me dévisageant.

L'expression fut très appropriée. Le succès SEVEN OF JULY servi le dimanche suivant est si fulgurant qu'à l'unanimité son illustration est placardée au mur dès le lendemain et le plat est servi sept jours sur sept aux gourmands ravis.

24

Le casse-croûte accueille Aretha Franklin, Janis Joplin et Motown

Avec le retour de septembre, je suppose que les familles ressentent le besoin d'un bon déjeuner dominical puisque soudainement nos jérémiades de membres inutiles sont interrompues par une avalanche de clients. Les travailleurs avaient parlé à leurs épouses de la grosse crêpe aux pommes du boulanger ou de celle que la patronne a composée pour Larry Weel, le cowboy de Niagara Falls. Les femmes veulent voir ces déjeuners inexplicables à distance. Et moi, c'est le bond des angelots que j'essaie de comprendre, ces nouveaux dimanches de salle comble. Je les vois sautiller d'une épaule à l'autre pendant que les serveuses agiles me crient leurs commandes. Les petits fantômes blancs paradent au-dessus de la musique et leurs simagrées enfantines m'empêchent de sombrer dans l'accablement.

Ils sont tous là, depuis que j'oblige les enfants à travailler les fins de semaine : Nicholas, Julia, son amie Évelyne et Pablo, notre nouveau voisin de palier que nous engageons pour presser les trois caisses d'oranges nécessaires pour fournir en jus frais les clients du week-end.

Cet étrange Pablo flotte entre le détachement moderniste des ados et la ténébreuse frustration d'avoir été mal accueilli en ce monde. Il habite avec Madeleine, sa mère bahaïe. Épouse d'un endormeur (anesthésiste) accoté autre part, celle-ci survit, grâce à la pension du corps médical, au troisième étage d'un immeuble de la Grande Allée où nous sommes voisins depuis la vente de la maison de Boisbriand. Pablo a très vite appris à couvrir les frasques de Nicholas tout en étant pour nous d'une très affectueuse gentillesse. Il nous aide gratuitement plusieurs semaines avant que son nom figure officiellement sur le livre de paie familial. Distrait mais vaillant, il s'acquitte de sa tâche sans rechigner. Monsieur le docteur ne pouvait croire que son fils garderait un travail pour plus de quatre jours. Il le conservera pourtant plusieurs années et son paternel aura même le temps de mourir d'une crise cardiaque avant que Pablo quitte l'entreprise Cora.

Évelyne et Julia transforment le casse-croûte en salle de spectacle où Aretha Franklin, Janis Joplin et les groupes de Motown conversent plus fort que nous tous avec la foule de clients euphoriques. Ceux-ci raffolent de nos déjeuners, de la musique, des montagnes de fruits frais sur les pains dorés et de la belle réflexion dominicale notée sur le grand tableau vide du menu du jour.

Fatima choisit de courtes phrases, très profondes, dont elle et moi lisons l'explication, tôt le matin, au beau mitan de la cuisine, assises sur des seaux de margarine vides, renversés. Les phrases sont tirées au hasard du minuscule recueil bleu des Outre-mangeurs Anonymes que nous fréquentons en catimini, elle et moi, pour apprendre à mieux vivre.

Malgré l'épuisement des dix heures de travail quotidien, malgré le harassement du sept jours sur sept, malgré ma nouvelle camisole de volonté anti-balles sur le corps et malgré la présence invisible de nombreux anges dans ma vie, j'ai encore ma peur bleue du jugement dernier. Toute jeune, on m'a forcée à croire en l'existence d'un Dieu muet, inquisiteur et résidant très, très loin de nous, là-haut dans son paradis. On m'a appris que ce Dieu grand juge pouvait me punir en me jetant dans les feux de l'enfer ou me récompenser en m'amenant près de lui dans son paradis. Je ne crois plus au père Noël, mais je dois craindre toute ma vie ce terrible dernier jugement puisqu'il n'est prononcé qu'à la mort, et que, par la force des choses, personne ne revient témoigner de cette expérience après son départ. En grandissant, j'ai conclu que Dieu était bien cruel et que mon salut était des plus incertains. À l'adolescence, les curés se sont empressés de nous dire que, parce que nous étions des pécheurs, nous serions obligés de gagner notre ciel à la sueur de notre front. Lorsque nous insistions pour en apprendre davantage, ces émissaires en soutanes noires nous menaçaient des pires châtiments et nous invitaient à l'humilité ; habilement, ils nous confinaient dans l'ignorance parfaitement bien structurée de la religion qu'ils représentaient. Pour que les miracles continuent d'avoir l'effet souhaité par Dieu (ou par eux, les hommes), il ne fallait pas trop en savoir et se contenter de croire sans comprendre. Voilà la fameuse foi salvatrice dont nous devions désirer les bénéfices. Cette foi qui nous sauve sans que nous soyons obligés de nous en apercevoir, sans que nous sachions si, au moins, nous cheminons dans la bonne direction. Comme la roulette russe ou comme les petits canards qui se savent dans la mire d'un chasseur aveugle.

Coincée entre les meilleures intentions de mon cœur et les pires manifestations du reste de ma carapace, je vivote tantôt sainte, tantôt damnée, affligée de cette épouvantable inaptitude au bonheur que nous ont transmise nos premiers parents en voulant vivre comme de véritables dieux. J'ai mal à l'âme et je cherche comme une forcenée des fissures à cette fable monstrueuse. Je veux avoir la certitude que Dieu m'aime ; que je suis correcte, assez bonne, assez dévouée, assez pure et assez généreuse pour mériter la vie éternelle. Pour me calmer et pour continuer à vivre, je fouille dans le sillon de chaque nouvelle découverte thérapeutique. Je lis jusque tard dans la nuit *L'Enfant intérieur* de Bradshaw, la terrible vie difficile de Scott Peck, quelquefois la Bible, *Leaders efficaces*, et même *Pouvoirs illimités* d'Anthony Robbins. Mon esprit divague et ressemble bien souvent à une tête de poule détachée du reste vivant de ses entrailles. J'ai peur, terriblement peur qu'en séparant le bon grain de l'ivraie, Dieu se trompe sur mon compte. Comme il s'est trompé dans le cas de l'ange de lumière qui s'est révolté contre lui et comme il a présumé que maman Ève n'écouterait pas le serpent. Parce que ça aussi on a essayé de m'en convaincre : que Dieu n'était pas si parfait et qu'il avait besoin de mes prières pour que sa volonté s'accomplisse.

Ma mère a éclaté devant la difficulté de vivre, et voilà que c'est aussi ardu pour moi. Difficile, en effet, de se lever avant l'aube, de se réveiller en pleine escapade onirique et de se résoudre à poser l'orteil dans cette réalité hostile. Difficile de sourire à la ventilation qui flanche et enfume le boui-boui; à la mesquinerie de Machinpoulos rôdant aux alentours, prêt à nous dévorer. Difficile de penser à mes enfants, encore abandonnés à eux-mêmes et tiraillés dans leur tortueuse jeunesse, à Titan qui essaie de gagner sa croûte en pataugeant dans les États désunis de la planète voisine. Tout est difficile pour cet énorme cœur enfermé sous le sarrau blanc de cuisinière. Difficile d'avoir si peu d'argent qu'il faille gratter au fond de nous-mêmes pour un brin d'aisance. Creuser tellement profond certains jours qu'il faille égratigner son ego et crier : «Monsieur Van Foutte, revenez demain, je n'ai pas assez d'argent pour payer le café.» Ou encore : «Maurice, s'il te plaît, reviens cet après-midi pour la facture de bacon!» Difficile, aussi, de se demander si Machinpoulos attendra dix jours de plus pour son loyer.

Des centaines de recettes que je lis chaque soir, aucune ne parle du détachement nécessaire au bonheur; aucune ne réussit à me convaincre qu'un véritable Dieu tout-puissant, généreux et omniprésent réside en permanence dans mon propre cœur. Au contraire, les livres sur le cheminement s'acharnent à me convaincre que les voies de Dieu sont impénétrables; que les portes du ciel sont grandes ouvertes à ceux qui cherchent le Divin, mais qu'il est plus facile à un chameau de passer par le chas d'une aiguille qu'à un bien nanti de franchir le parvis du paradis.

La providence a tout fait pour que mon restaurant ait du succès et voici que Dieu m'avertirait de ne pas trop réussir, de ne pas faire trop d'argent parce que c'est incompatible avec le paradis. Je m'entête à vouloir comprendre l'incompréhensible, mais n'y réussis jamais; j'en arrive à la conclusion que je suis condamnée à cette ignorance, que je refuse cependant de qualifier de bienheureuse. Des fois, je pense que le *burn-out* ne m'a servi à rien parce que je n'ai pas encore appris à vivre comme un être humain normal, en harmonie avec ses doutes et avec ses petits bonheurs. Oui, l'énergie est revenue et elle s'est transformée en gisement de pétrole à l'intérieur de moi, mais, trop souvent, des bulles dérangeantes montent encore me soûler le cerveau.

J'ai tellement besoin de connaître l'intention de Dieu à mon égard. C'est pour lui que je prie depuis quarante ans, pour que sa volonté soit faite sur la terre comme au ciel, et j'ai maintenant peur qu'il s'agisse d'un accomplissement dont je ne fais pas partie. C'est cette terrible inquiétude qui me projette constamment dans le manque : manque de certitude, manque de joie, manque d'espoir, manque de ressources, manque de courage, manque de talent, manque d'occasions et manque d'argent. Si Dieu ne veut pas de moi, toutes les portes se ferment dans mon cœur et même l'air gratuit que je respire ne m'est plus suffisant.

25

L'enfer campe dans le casse-croûte

Le deuxième été à Côte-Vertu me permet de bien expier toutes mes fautes. Malgré les deux gros ventilateurs au plafond et les deux autres sur pied que nous avons installés à chaque extrémité du comptoir, l'enfer campe dans le casse-croûte. La terrible chaleur s'obstine à nous faire comprendre que très bientôt les fraises sauvages recouvriront les collines de Sainte-Adèle. Les enfants savent que ça veut dire les vacances, le rang 12, le lac des Sables décrit tout l'hiver par Pablo et les pique-niques dans le gros chêne où mon père, de son vivant, a construit une cabane juste pour eux.

C'est la désolation dans le restaurant, la mort du plaisir de faire plaisir parce que tout le monde se plaint : les enfants, les clients, la brave Marie et même Angelo Machinpoulos, le vieux proprio grec. Le métèque en manches longues constate que, malgré son entêtement à ne pas vouloir percer un trou dans le mur de l'édifice pour nous permettre d'y installer un climatiseur, il ne fait pas encore assez chaud pour que nous abandonnions le nid.

— Go away if too hot; me break your lease right now! Me now open this store twenty-four hours! (Allez vous-en s'il fait trop chaud, je suis prêt à casser votre bail immédiatement et à opérer ce restaurant moi-même, vingt-quatre heures sur vingt-quatre), marmotte le vieux Grec en déplaçant le moins d'air possible autour de son squelette.

Quant à moi, j'endure en pensant que j'en ai probablement beaucoup à faire pour expier mes fautes. Je prie en tournant mes crêpes et je fais la connaissance d'une autre catégorie de clientèle, qui viendrait malgré tout, résignée au pire.

Madame Georgette Edmond porte des collants de lainage beige à longueur d'année, pour soulager son arthrite. Elle se promène d'un casse-croûte à l'autre depuis vingt ans à la recherche du café le moins cher. À sa première visite chez nous, milieu juillet, je lui ai offert gratuitement le nôtre. Cela m'a valu une épouvantable dévotion tout l'été, puis l'automne, l'hiver et le printemps de l'autre année que j'allais passer à la plaque chauffante du restaurant. Madame Edmond prétend qu'elle peut me faire du bien, me divertir, insiste-t-elle. Nous parlons «business» : du prix des œufs à la caisse, du prix de la chaudière de margarine et, à l'occasion, nous échangeons quelques mots de tendresse lorsqu'elle s'assoit tout près de moi, à l'extrémité du comptoir qui touche au fourneau. Elle me parle alors de ses sorties chez Saint-Hubert BBQ, avec son homme. Elle me raconte, comme à une meilleure amie, l'ingénieuse façon dont elle divisait en deux leur demi-poulet, les frites, la sauce, la salade de chou et le petit pain, sans attirer l'attention et sans prendre de boisson inutile qui ferait grimper la facture dans les cinq piastres, avec un petit cinq cents pour la serveuse pour être correcte.

Le couple Edmond goûtait jadis à tous les plaisirs de la vie. Ils allaient au parc Belmont, une fois par été. Son «Natol» tirait de la carabine. Il lui était même arrivé d'atteindre un ourson en plein cœur, en 1964, un bel ourson brun qui remplace encore aujourd'hui le défunt dans la couchette.

Madame Edmond s'occupe aussi de notre publicité, chez Jean Coutu, chez Zellers et au centre hospitalier où on surveille son taux de sucre dans le sang. Elle parle de nos bontés, du café gratuit et de la drôle d'histoire d'une femme avec ses enfants dans le restaurant; des poules colorées et du menu, mal écrit sur les murs.

— Je préfère qu'elle ne parle pas de moi, me crie Marie. C'est plus fort que moi, je ne peux pas la sentir!

Car la vieille gueuse colporte aussi nos impolitesses, les réprimandes, les engueulades et les soubresauts d'amour que la femme et sa bru s'offrent à cœur de jour dans le casse-croûte.

— C'est impardonnable d'être aussi vrai en business! chuchote madame Edmond à l'endocrinologue de service du centre hospitalier. Anatole Edmond, Dieu ait son âme, n'aurait jamais pu répondre à son *foreman* de cette façon-là, pendant les trente-huit ans qu'il avait été plieur de carton chez Tucktape.

Puis un jour, Georgette Edmond trouve des toasts au beurre d'arachides moins chères que les nôtres chez Tassos Déli qui vient d'ouvrir sur la plaza Montpellier.

— Tant mieux! s'exclame Marie lorsque notre Fafard lui apprend la nouvelle. La vieille pie a fini d'étourdir ma belle-mère!

Dickrem aussi passe l'été à Côte-Vertu. Il vient le midi, avant son «chiffre», prendre un café et la sucrerie du jour. Il enlève la casquette réglementaire Esso et s'assoit en plein centre du comptoir. Il me regarde et joue à me sourire jusqu'à ce que je lui apporte moi-même le renversé du jour. Il jase avec Gilles, le chauffeur de chez Marchand Électrique, de la vie au Québec, de la chaleur de son pays et du prix des cigarettes qui frise l'indécence. Fafard, lui, préfère l'autre indécence : celle, beaucoup plus aguichante, des poulettes en chaleur picorant sur les trottoirs.

— Parce que c'est ainsi que fonctionne l'ordre du monde! prêche le jeune macho aux rares clients présents dans le casse-croûte. Le cul, professe-t-il, c'est la tête du bobo, une incurable maladie. C'est aussi simple que deux et deux font quatre!

Dickrem rougit autant que Gilles. Personne n'ose répondre de peur de subir une orgie de paroles encore plus scandalisante. C'est ainsi que Fafard pense régner à Côte-Vertu : par intimidation; en utilisant l'arme qui l'a jadis massacré. On croirait que c'est sa revanche préférée.

— Côte-Vertu, c'est la meilleure école au monde! conclut toujours Nicholas en de pareils instants.

— Une école beaucoup plus intéressante qu'Outremont High School, ajoute Marie pour à son tour virer la lame dans le bobo.

Les premiers vents frais de septembre ramènent pour moi un problème beaucoup plus pénible que la chaleur estivale, celui de l'instruction académique. J'ai eu beau crier, pleurer, implorer et essayer de convaincre, mes enfants ont, tous les trois, quitté l'école trop rapidement.

— Ils sont intelligents, mais trop marginaux, déclare monsieur Perkins, le directeur de Twin Oaks, en 1980. Vos enfants sont des êtres dont l'intégration au système scolaire actuel est pratiquement impossible !

Son commentaire me donne vraiment l'impression, encore une fois, que la planète nous a échappés en tournant.

Mes parents sont décédés, mon frère et mes deux sœurs ont oublié que j'existe, mon ex-mari prêche sur le Parthénon d'Athènes et mes enfants sont des marginaux. Et moi, je tourne des crêpes pour payer les factures. J'ai passé treize mois à me remettre d'un pénible épuisement en permettant à l'écriture de fouiller dans les décombres et puis finalement c'est une petite tasse à café matinal qui m'a indiqué la voie de ma prochaine vie. J'ai dû faire preuve d'ingéniosité presque miraculeuse pour réussir à implanter ce commerce avec des moyens aussi réduits que les nôtres. Je refuse donc de me casser la noix une seule seconde de plus.

Il n'est pas nécessaire de toujours comprendre ce qui nous arrive. J'ai fait confiance aux agissements invisibles de la providence; j'ai persévéré, avancé, fermé les yeux et foncé comme une idiote avantagée qui se contente du petit frisson de la pâte à crêpe lorsqu'elle atterrit sur la plaque brûlante. Il ne faut pas chercher à comprendre, comme disaient les curés : bienheureux les creux, le royaume des cieux est à eux.

Ma fille Julia commence d'ailleurs à drôlement bien la maîtriser, cette fameuse pâte à crêpe. Elle travaille maintenant au casse-croûte à plein temps et, pour un plus grand épanouissement, partage l'appartement de sa copine Évelyne. Elle a loupé son dernier examen de mathématiques et mis un terme à sa préoccupation académique quelques jours après son inscription au collège Vanier.

— Maman, je recommencerai plus tard, je te le jure, lorsque je saurai à quoi peuvent bien servir tant de sacrifices.

Je n'ai pas d'autre choix que d'être d'accord. Son patron, monsieur Dimitri, ne disait-il pas qu'elle était une excellente *barmaid*? Jamais malade, jamais en retard. Ai-je quelque chose à lui reprocher? Quelque chose d'autre que la frustration que je traîne depuis vingt ans d'avoir laissé tomber mes études pour enfanter, de n'avoir jamais pu terminer mon cours classique, abandonné en dernière année. Peut-être est-ce cela qui me fait le plus souffrir : cette insoutenable répétition des événements que la vie s'amuse à déplier dans le ventre des générations.

Car c'est habituellement ainsi qu'on envisage la misère : seul, solitaire et prisonnier d'une sphère hostile, bien qu'on les entende tous pleurer la nuit dans les bars et le matin dans les casse-croûte, dans les motels isolés de banlieue ou dans les sentiers escarpés du mont Royal. On demeure seul à s'entendre aboyer comme un animal que le désespoir vient tout juste d'humaniser. Ma façon à moi consiste à m'asseoir au pied de l'escalier menant au sous-sol du casse-croûte, avec la lame du gros couteau de cuisine piquée dans la poitrine. Je cherche mentalement la meilleure façon de tomber accidentellement, de débouler les marches pendant que le couteau coupera le courant dans ma constellation. Je cherche inconsciemment la meilleure façon de rendre l'âme en faisant accroire aux enfants que je l'ai sacrifiée. Parce que la souffrance possède sa propre culture : souffrir pour enfanter, souffrir pour apprendre, souffrir pour jouir, souffrir pour guérir et souffrir pour expier. Voilà le piège le plus subtil de Satan pour m'éloigner du Soleil. Et je m'y laisse prendre trop souvent, car a-t-on jamais vu le printemps souffrir pour éclore? ou la lune s'enfarger dans un nuage? Ou pire : être incapable de traverser sa nuit?

Il en faudra du temps, des omelettes pas assez cuites et des livres de cheminement pour que je comprenne que la vie est parfaitement bien faite et que le malheur fait partie intégrante de la félicité. Car comment pourrait-on décrire le chaud si le froid n'existait pas? Comment pourrait-on ressentir de la joie si l'on n'a jamais expérimenté de la tristesse? Dieu réussit à ravitailler les milliards d'oiseaux volant au-dessus de nos têtes et nous, pauvres humains, nous nous inquiétons de manquer d'huile dans la salade; nous souffrons parce que nous ne savons pas encore que nous sommes parfaits, complets et divins. Je suis moi-même encore loin de comprendre que la réussite, l'abondance et le bonheur font partie intégrante de mon héritage d'enfant de Dieu.

26

Jack l'Alligator, un client comblé

Jack l'Alligator entre dans le casse-croûte quelques jours avant Noël, attiré par notre galette de sarrasin. Ses frères lui avaient parlé de trois grosses galettes brun foncé, minces, identiques à celles qu'Imelda Letellier leur cuisait à L'Assomption lorsqu'ils étaient gamins, du temps que le monde leur appartenait.

L'homme est immédiatement ravi du pot de mélasse et du morceau de beurre frais que la serveuse dépose sur sa table, en même temps que sa première tasse de café. Je l'ai tout de suite reconnu, cachée dans ma cuisine. Jack est l'avant-dernier fils du clan Letellier. Il s'est enrichi dans les clôtures Frost pendant que son épouse pataugeait, au dire des mauvaises langues, dans les territoires interdits des émirats arabes; une histoire aussi insolite que chacun des arrangements amoureux des rejetons d'Imelda. Après les avoir généreusement beurrées, Jack roule les galettes brunes avec ses doigts trapus. Il trempe chacun des cigares ainsi fabriqués dans sa soucoupe remplie de mélasse et les engouffre, un à un, aussi rapidement que l'aurait fait un gros lézard.

C'est seulement après avoir fini d'avaler la dernière bouchée que, de ses gros yeux vert kiwi, il se met à me chercher dans le réduit à casseroles. Jack rit à gorge déployée et le sourire permanent qu'affiche sa face bronzée est sa façon à lui de remercier le p'tit Jésus, comme il l'appelle, des «torrieuses» de bonnes choses que la vie verse dans sa coupe.

— La nourriture, c'est le seul plaisir dont on peut jouir trois fois par jour toute sa vie durant! s'exclame l'Alligator en paraphrasant le célèbre diplomate Talleyrand. Cora, je te trouve encore plus belle que dans le temps, et plus appétissante qu'à vingt ans, ajoute-t-il en me serrant la pâte chaude contre son cœur. Chez vous, ça sent le déjeuner de mon enfance, déclare-t-il encore, au comble du bonheur.

Puis, toujours aussi entreprenant, il ouvre la porte du four et s'exclame :

— Torrieux! Un vrai pâté chinois!

— Pis des bettes fraîches avec ça, ajoute Marie pour amplifier la torture du client!

Jack ne peut résister, il décide de revenir dîner, à midi moins le quart, précise-t-il.

— Assez de bonne heure pour m'assurer d'en manger à ma faim. Torrieux! pourquoi est-ce que je t'inviterais pas à souper tant qu'à faire?

Après tout, j'avais été la blonde de son frère, l'instructeur de tennis. Et la mère Imelda m'aimait tellement.

— Torrieux! on pourrait même aller faire un tour à la résidence du troisième âge de la mère avant d'aller souper. Qu'en penses-tu, Cora?

Je n'ai pas le temps de répondre que Jack me soulève de terre; il vient d'apercevoir les quatre grosses tartes aux pommes qui refroidissent sur la tablette au-dessus de l'évier.

Au restaurant du Vieux Pêcheur, on déguste du requin de Floride pour souper. On boit chacun deux grands cafés flambés en parlant de la vie de Jack dans les Everglades, de sa femme entre ses trois pays et de ses fils, Billy et Léo, que je gardais quand j'étais adolescente.

— On n'aurait pas dû vieillir…, marmonne le bel alligator un peu éméché. Te souviens-tu, Cora, des tartes à la rhubarbe d'Imelda? Torrieux! le p'tit frérot en mangeait une à lui tout seul!

Je n'oublierai jamais la visite de Jack l'Alligator parce que le ravissement évident que lui inspira notre cuisine maman fut pour moi une précieuse indication que nous étions dans la bonne voie. Je ne suis pas une cuisinière accomplie; je n'ai jamais étudié en la matière et je ne maîtrise aucun des principes ou processus fondamentaux de l'art culinaire. Mais je suis inspirée et je sais distinguer le meilleur de l'ordinaire; j'ai beaucoup d'imagination et je suis convaincue que l'absence de goût d'une assiette est l'expérience la plus abominable pour un client.

J'ai tellement d'éclairs de lucidité, comme des trous de soleil dans ma nuit, des plages remplies d'alligators contentés, des sourires ébahis, des ventres rassasiés et tellement d'instants intimes avec les anges que je ne peux pas croire que je suis séparée de Dieu. Des fois, il est si présent en moi que j'ai l'impression que le reste de ma vie n'est pas réelle; ce n'est qu'un cinéma pour pratiquer mes agissements d'humain. Des fois, je pense qu'il n'y a que l'amour, que je suis bénie et que le paradis m'est accessible à tout instant lorsque j'accepte de reconnaître que mon véritable moi est autre chose, différent du personnage que j'incarne ici-bas dans cette tragédie humaine. J'ai le goût de blasphémer et d'avouer que ce véritable moi n'est pas de ce monde… et qu'il existera encore lorsque le rideau se refermera sur ma vie.

27

Le déjeuner Sarrasin Surprise

L'idée originale du déjeuner SARRASIN SURPRISE vient de chez les Américains. Un jour, bien avant que le premier établissement Cora ait même été un petit bourgeon d'idée, j'ai vu un tel plat dans un restaurant de déjeuners, ouvert vingt-quatre heures sur vingt-quatre. Le plat, nommé *Pigs in the blankets*, consistait en trois grosses saucisses enroulées dans des *pancakes* et, pour accompagner ce régal plutôt lourdeau, trois sirops étaient proposés : à la fraise, aux bleuets ou à l'arôme d'érable du Vermont.

— Pas trop compliqué de faire mieux ! avais-je alors murmuré au Tantale (roi mythologique condamné par les dieux à éprouver une faim insatiable) intérieur reluquant à travers ma paupière.

Et lorsque Jack l'Alligator se pourlécha les babines devant nos galettes de sarrasin, le souvenir m'en est revenu. Nous en avons jasé, Julia et moi, et avons conclu que les petits cochons méritaient mieux : une crêpe plus raffinée, à la farine de blé peut-être, ou alors, nos bonnes saucisses dans une galette de sarrasin. Immédiatement, la spatule s'est activée sur la plaque et a cherché à emprisonner les cochonnets dans les crêpes. Comme l'une sortait la patte et l'autre la queue ou l'oreille, Julia a décidé d'ajouter du cheddar râpé qui, en fondant, tiendrait lieu de colle pour retenir les victimes boudinées dans leurs linceuls croustillants.

Dans l'assiette, on accompagne les saucisses d'un joli montage de fruits coupés. Julia suggère encore de saupoudrer le monticule de galettes de cheddar râpé et hop! le délice est créé. Comme il est hors de question de faire allusion à l'Alligator dans le cas d'une crêpe québécoise, le plat prend le nom de SARRASIN SURPRISE. Encore aujourd'hui, la popularité de cet étrange assemblage d'aliments ne se dément pas. Avec du véritable sirop d'érable ou, comme plusieurs le préfèrent, nappé de mélasse traditionnelle, ce mets constitue une ingénieuse représentation de la magie Cora.

28

La découverte de la crème anglaise

Après dix-huit mois d'exploitation du casse-croûte, survivre commence à devenir une préoccupation beaucoup moins inquiétante. Nous avons finalement acquis la certitude que nous pouvons payer toutes nos factures et investir raisonnablement dans quelques petits extras : du beau tissu pour de nouveaux tabliers, quelques livres de cuisine que des vendeurs ambulants nous avaient laissés pour nous tenter et, le plus important, de nouveaux fruits exotiques pour étonner le client et l'empêcher d'aller ailleurs.

J'aime rester dans le casse-croûte, après la fermeture. Pendant de longues heures, je cherche l'inspiration : dans ma tête, dans les livres, dans le souvenir des promenades dans les marchés d'alimentation et dans les histoires de nourriture que les clients me racontent. Je fouille partout d'où pourrait surgir une idée nouvelle, une recette, une façon d'assembler deux éléments pour en créer un troisième. Et je trouve infailliblement quelque chose, un pétard ou une étincelle qui fera sortir le lapin du chapeau le lendemain matin.

J'ai pris l'habitude de dessiner les nouveaux plats sur de grands cartons blancs. Ça ne coûte presque rien, ça tient lieu de menu et, comme disent les clients, c'est tellement original. Ces longues soirées de réflexion aux odeurs de gouache m'amusent beaucoup. Je pense quelquefois à la sœur René-Goupil, mon professeur de littérature au collège, qui disait toujours :

— Cora, tu composes bien, mais mon Dieu que t'écris mal !

J'ai probablement tout intérêt à réapprendre à dessiner chaque lettre, à jouer avec le gonflement du torse des *A*, avec les *E*, élèves récalcitrants, et avec les rigides bedaines des *B* majuscules qu'il faut pencher en équilibre sans qu'elles déboulent l'une par-dessus l'autre. Je retouche toujours tout, ajoutant une poire ou une cerise, un oiseau fraîchement arrivé de Fort Lauderdale, ou une fourchette à quatre dents à côté des crêpes Mirella nouvellement composées pour faire plaisir à la belle grande fille de chez Steilman Mode.

Il s'agit de crêpes à la farine de blé entier que nous avons décidé de faire pour encourager Mirella, pour participer avec elle, à notre façon, à sa classe hebdomadaire d'aérobie, et pour contribuer au mieux-être de tous ces clients dont la bedaine désire elle aussi, comme le cœur, s'envoler vers la liberté des champs de blé.

Mirella a parlé du casse-croûte à son ami Gordon, qui s'est présenté chez nous superbement habillé, avec une épinglette sur le veston. C'était la première fois qu'on en voyait une sur une veste de garçon; ça ne s'oublie pas. Gordon nous a laissé une autre trace inoubliable : la crème anglaise. Eh oui!... c'est lui qui fera entrer cette douceur dans notre vie. Parce que, à sa deuxième visite chez nous, il nous parle d'un festin pantagruélique que l'Auberge des Trois Saumons de Saint-Amable servait à sa clientèle estivale de millionnaires.

Gordon ferme les yeux pour nous décrire l'onctueuse crème blanche dégoulinant paresseusement à travers les belles grandes tranches dorées d'un gros château de pain doré fumant qu'un cuisinier artiste avait déposé sur un immense plateau inondé de coulis de framboises. Nous remarquons toutes l'extase sur la figure du narrateur lorsque la petite bouche entrouverte commence à se souvenir du délice. Julia, la première, déclare par la suite que nous sommes capables de confectionner pareil élixir.

Il a fallu fouiller beaucoup plus loin que dans le blanc-manger de la cafétéria des religieuses de mon adolescence. Traverser les montagnes de calories du sucre, faire fi des lentes cuissons au bain-marie, considérer les multiples propriétés du jaune d'œuf à ébullition et foncer audacieusement à la recherche de l'onctuosité savoureuse décrite par le beau Gordon. Cet exaltant safari nous permet de découvrir une précieuse complice en damoiselle vanille pure ainsi qu'un procédé infaillible d'épaississement du lait dont je parlerai à mes petits-enfants sur mon lit de mort.

Quelques jours plus tard, Gordon revient au casse-croûte comme un enfant à qui on a promis la lune. Et il la trouve, dégoulinante, sur le bel amon-cellement de fruits couvrant son pain doré dominical.

Julia attend que l'extase ronronnante réappa-raisse sur la maigre figure du visiteur. Et c'est ce qui se produit, presque instantanément, lorsque la four-chette dépose le morceau de pain nappé de crème dans la bouche du goûteur. Une félicité cette fois bruyante et entrecoupé d'exclamations de gros bravos traverse les bouchées emmitouflées de sauce et donne à la voix des allures de père Noël assouvi.

On baptisa la crème du nom de son instigateur et pendant plusieurs années, on utilisera cette appel-lation en l'honneur de notre précieux client Gordon.

Ce n'est pas la vieille reine d'Angleterre qui nous fera plus tard changer l'appellation de la sauce, mais le jeune roi de notre système d'exploitation, Nicholas, mon dernier fils. D'après lui, le service en salle est beaucoup plus efficace si le personnel n'a pas à chaque fois à expliquer que la crème Gordon est un genre de crème anglaise, mais meilleure parce que ce sont la fondatrice et sa fille qui l'ont inventée. Damnée efficacité qui nous obligera, tranquillement, à déplumer le magnifique volatile capturé dans mon imagination !

29

Quatre gros sapins de Noël
dans le casse-croûte

On commence à avoir de l'audace. Voilà que, pendant que je découpe des biscuits en forme de sapin dans une pâte à la mélasse pour le dessert du 1er décembre 1989, l'idée me vient d'installer, pour Noël, quatre gros sapins de six pieds dans le petit casse-croûte. La déclaration de mon intention déraisonnable suscite beaucoup d'effervescence dans le casse-croûte.

— *Boss*, t'es encore tombée sur la tête en clouant tes pancartes! s'exclame Platon, le nouveau plongeur antillais.

À quatre pattes sur le plancher du salon de l'appartement, je taille dans une grande pièce de tissu vert flamboyant d'immenses sapins qu'on installera, le temps venu, dans les quatre vitrines latérales du boui-boui. Sur ces sapins matelassés de six pieds de hauteur, je couds, tous les soirs des semaines précédant Noël, des cercles de feutre multicolores, des guirlandes de rubans disparates, des flocons de ouate blanche, des petites étoiles façonnées dans du satin jaune, des boutons argentés, de vraies petites cannes en bonbon et... huit petits oiseaux de coton à plumes roses que la vieille madame Edmond m'a apportés un jour... «au cas où ça pourrait servir à quelque chose dans le restaurant».

Les sapins sont plantés quelques jours avant Noël, à la hauteur du cadre de chaque fenêtre, juste à portée des petites mains d'enfants ébahis qui ont le droit d'y toucher à la condition d'attendre le lendemain de Noël pour détacher les cannes rouge et blanc. Sur le faîte de chaque arbre, une grosse étoile en brocart jaune est confortablement assise comme si elle se reposait d'y avoir elle-même grimpé.

Parmi tous ceux qui croquaient des petits sapins à la mélasse, personne n'avait osé croire à la promesse de la cuisinière entreprenante, si bien que l'ébahissement devant le résultat s'exprime par des exclamations plus admiratives les unes que les autres. Chaque visage éjecte un sourire, un rire, un bravo ou un «Merci, Cora!» Cette forêt multicolore s'avère aussi un magnifique cadeau pour moi puisqu'elle demeurera, en permanence, épinglée dans ma tête. Et chaque fois que je la ramènerai devant mes yeux, je serai éblouie du pouvoir extraordinaire de l'imagination créatrice.

Malgré les dollars qui entrent dans la caisse tous les jours, nous ne travaillons pas à Côte-Vertu; nous ne sommes pas en train d'exploiter un commerce ni, par tous les grands dieux, de nous enrichir. À

Côte-Vertu, nous vivons, nous agissons exactement comme si ce restaurant était devenu la cuisine de notre maison, notre petite bibliothèque privée et notre divan du salon. Nous y recevons le monde comme de la véritable parenté et nous nous intéressons avec sincérité à chacune de leurs histoires. On dirait, certains jours, que la nourriture n'est qu'un prétexte pour avoir de la visite et que le déjeuner, c'est notre répertoire de magie pour éblouir les invités. Offrir dix différentes saveurs de fruits dans une crêpe ou sur le pain doré, c'est notre façon à nous d'être généreux; comme «deux œufs bacon» est devenu notre façon de dire «Bonjour».

30

Une visite dans la famille des laitues

Quelquefois, j'invente un nouveau plat juste pour permettre aux graffitis de son illustration d'arrêter de se batailler dans les cavités closes de mes orbites. J'aime dessiner des mots et leur inventer des vies, mais j'aime tout autant découvrir de nouvelles créatures et leur attribuer des adjectifs inusités et des verbes propulseurs de magie. J'aime passer du temps dans la descendance illustrée d'un fruit; rencontrer les grands-oncles, les excroissances cousines, les frères, et même la progéniture bâtarde que la science ose maintenant faire miroiter aux consommateurs.

Il m'est même arrivé de passer plusieurs jours dans la famille des laitues, à la recherche d'une brave petite servante capable de soutenir le quartier d'orange dans nos plats d'œufs. J'ai ainsi rencontré, dans leur lignée, plus de vingt variétés de feuillus d'allure tendre ou croquante; j'ai palpé une dizaine d'entre elles jusqu'à ce que je découvre la vaillante chicorée en visite dans l'étalage des icebergs. De robustes feuilles dentelées, étroites et pointues formaient un plant volumineux dont l'apparence enjouée contrastait radicalement avec la platitude jaunâtre des laitues pommées. D'un splendide vert rutilant à longueur d'année, la feuille de chicorée est parfaite pour accompagner le sourire orangé de notre agrume matinal.

Je suis toujours à la recherche de nouvelles connaissances; d'une surprise ou d'une façon particulière de couper fruits et légumes qui empêchera le pépin de se fendre ou la tomate de saigner. J'entends parler de la monstrueuse technologie qui promet d'allonger la durée de conservation des végétaux en diminuant le taux d'oxygène de leur respiration. Et je sympathise immédiatement avec mes grands nigauds de poireaux qui ont toujours le corps plein de sable malgré leurs nombreux turbans de tête.

— À quoi ça sert d'être aussi vêtu si on a toujours le nombril plein de vase? me demande Julia, désemparée.

— À être beau et bon dans la vichyssoise, répond madame Mary E. Falcon, l'oreille anxieuse de plonger dans une conversation.

Mary E. n'a probablement jamais passé une crème de navet au tamis; mais elle connaît par cœur les multiples ramifications des beaux-arts ménagers. Elle a été pensionnaire pendant quinze ans avant d'entreprendre son service conjugal sous les ordres de lady B. Falcon et de son rejeton de fils qui a eu le bonheur d'hériter d'un poste d'officier à vingt-trois ans et le malheur de mourir à vingt-huit, laissant sa veuve simple soldat sous le joug de la richissime Irlandaise.

Je me promène, en fin d'après-midi, dans les allées des grandes surfaces d'alimentation; j'examine les produits. Je lis toutes les étiquettes des différentes marques de confitures. Je renifle discrètement les poudres de bouillon de poulet dans les barils transparents. Il m'arrive même, le jeudi ou le vendredi soir, d'échanger quelques heures de sommeil contre deux ou trois pilons de poulet à la cantonaise du Faubourg Sainte-Catherine. Je surveille les nouveautés et le prix des victuailles; celui de l'ananas, que j'achète uniquement lorsqu'il est très lourd, exempt de meurtrissures et pourvu de belles feuilles très vertes dont je garnis nos assiettes de fruits frais et que, quelques années plus tard, je planterai dans la coupe des déjeuners MAGIE. J'arpente la ville. Chez les Arméniens du boulevard Salaberry, chez Mourelatos ou chez les Italiens du marché Jean-Talon, je cherche des aliments plus susceptibles d'attiser l'appétit que de calmer la faim. Je vais souvent chez Milano, rue Saint-Laurent, véritable caverne d'Ali Baba pour une apprentie cuisinière, où j'assiste à la fête de tous les sens : l'accueil chaleureux, le service personnalisé, le vaste choix de charcuterie, de fromages, d'huiles, de pâtes alimentaires, et quelle panoplie de légumes typiquement italiens! Je suis constamment à l'entière disposition de la moindre idée nouvelle.

Maintenant que quelques centaines de dollars traînent dans le livret vert de la caisse pop de Saint-Laurent, l'avenir sèche la boue devant mes semelles. Je peux acheter des piments rouges pour ajouter des coups de pistolet dans nos omelettes westerns; choisir des raisins sans pépins pour plaire en toute sécurité aux jeunes enfants de Michel, le manu-facturier de vêtements, me procurer des bouteilles de Windex avec vaporisateur inclus pour faciliter la tâche à ma tendre Marie.

Je n'ai pas encore le temps d'écrire des his-toires, mais je lis tous les magazines de bouffe pu-bliés au Canada. Je commence aussi à acheter mes premières revues américaines, des publications aux superbes illustrations où des chefs réputés com-mencent à parler des meilleurs déjeuners du monde.

Dans ces nouveaux moments de bonheur, je me surprends à penser qu'après tout la planète n'est peut-être pas aussi hostile qu'on le prétendait. Des fois, j'oublie complètement ma lutte contre les mau-vais esprits et je m'entête à ne pas trouver ce qui me manque pour être heureuse. Frondeuse, j'essaie d'envier une cliente habillée dernier cri, mais ça ne donne absolument rien puisque que je me trouve aussi belle qu'elle dans le blanc javellisé de ma cuisine. Faudrait pourtant que je trouve quelque chose pour faire coller la béchamel aux œufs, pour faire renverser la tarte au sucre dans le four ou pire encore pour casser la fameuse poulie de ventilation.

— On peut pas être heureux trop longtemps sans que quelque chose de terrible nous tombe dessus, avertissait toujours ma mère.

Elle disait aussi qu'il ne fallait pas trop rire aujourd'hui sinon on risquait de pleurer pour de bon le lendemain.

— Quand on est trop bien, radotait aussi la Mélie Barthelot de Caplan, le Malin n'hésite pas à nous tirer les yeux des orbites!

Il ne faut surtout pas s'imaginer qu'on fait partie des bons, des élus de Dieu, car on est loin d'avoir rempli toutes les conditions nécessaires pour entrer dans le royaume des cieux. Et si on prétend s'en approcher, l'ange cerbère nous arrache l'espoir du cœur.

— La logique de Dieu est incompréhensible aux humains, disait le bon père Antoine du collège classique.

Je suppose que c'est pour cela qu'il a plus tard défroqué et épousé la religieuse du cours de chimie qui éventrait les grenouilles. Le père Antoine était pourtant un être supérieur, au dire des religieuses; un saint homme dans l'oreille duquel on déversait les pires calamités de nos âmes pécheresses; un homme de Dieu qui nous exhortait au repentir et qui nous obligeait à réciter deux chapelets à genoux et les yeux braqués sur l'enfer allumé au plafond de la petite chapelle du collège. Un enfer dont les images effrayantes et macabres s'enregistraient dans nos cœurs d'écolières déjà inaptes à plaire au vrai Dieu.

31

Le déjeuner Surprise

Parfois, je quitte pour quelques heures ma plaque chauffante, ce qui donne à la petite serveuse l'occasion de s'exercer à virer des omelettes sans les briser et à moi d'aller vérifier qu'il existe encore, dans le vaste monde, autre chose que l'abrutissement ménager à l'origine de mon soudain désir de fuir. Partir à la recherche de l'inutile dans des parages internationaux se résume, à cette époque, à visiter de long en large et de bas en haut l'antre bouillonnant de saveurs du Faubourg Sainte-Catherine. Je bourlingue d'un continent à l'autre, ballottée dans une cage d'ascenseur ou le corps en ascension sur un tapis roulant. Et c'est dans cet étrange dépaysement que je vois, pour la première fois, coincée entre un long comptoir de croquembouches égyptiens et une épaisse vitre donnant accès au zieutage de la rue, une minuscule plaque Miraclean au-dessus de laquelle le découpage d'un immense EGGS vient tout juste d'être installé.

Sur la surface chauffante encore exempte d'égratignures, une étrange spatule de bois essaie de virer, sans le briser, un sandwich dont la garniture attire immédiatement mon regard.

— *Young man, please tell me what's in the sandwich.* (Jeune homme, s'il vous plaît, dites-moi ce qu'il y a dans ce sandwich.)

— *It's a breakfast sandwich, Madam. Breakfast is our specialty!* (C'est un sandwich pour le déjeuner, madame. Le déjeuner, c'est notre spécialité!)

— Très intéressant, jeune homme. Et dites-moi : depuis quand êtes-vous l'expert du déjeuner en ville?

— *Since we open this counter, two week ago!* (Depuis l'ouverture de notre comptoir, il y a deux semaines!)

Il y a là matière à admirer l'audace de ce jeune Libanais. Je commande donc un *morning sandwich* et, comme je suis, pour l'instant, le seul spectateur accoudé au comptoir, je peux très bien observer Maroum Ouachim lorsqu'il confectionne sa spécialité. Deux grosses tranches de pain blanc beurrées sont couchées sur la plaque du côté du gras. Sur chacune, le cuisiner dépose une mince tranche de fromage jaune, puis sur l'une un œuf tourné déjà cuit et une tranche de jambon sur l'autre. Il ferme ensuite le sandwich avec sa spatule et pose dessus, horreur inimaginable : une pesée de cuisine destinée à agrandir la boulette du burger pendant qu'elle cuit.

Le sandwich accoste finalement sous ma dent, croustillant de saveur, mais beaucoup trop cuit pour satisfaire une gourmande dégustation.

— Merci beaucoup, Maroum! En passant, si jamais tu cherches un emploi plus près de chez toi, j'ai un p'tit casse-croûte à l'angle de Côte-Vertu et Montpellier à Saint-Laurent.

Avant de tomber sur notre plaque chauffante, le sandwich à déjeuner de Maroum est trempé dans le mélange à pain doré pour en sceller les parois et pour contrecarrer la dégoulinade du fromage. À la cuisson, le mélange d'œufs et de sucre confère au sandwich une saveur des plus surprenantes. On décide de l'appeler DÉJEUNER SURPRISE pour surprendre le jeune Libanais si d'aventure il se présentait chez nous.

32

Mary E. Falcon,
une fidèle ambassadrice

Dans le casse-croûte, tout le monde pense que Mary E. Falcon est notre ambassadrice la plus dévouée parce que, lorsqu'elle s'aperçoit que les pompiers de Saint-Laurent commandent leur repas du midi par téléphone, elle s'offre toujours avec empressement pour aller les leur livrer. Ça aide sûrement beaucoup lorsque l'Anglaise de cinquante-huit printemps entre dans la caserne des matadors avec ses grosses portions de lasagne fumante aux épinards. Ça aide surtout le moral de la commissionnaire de pouvoir revivre, ne serait-ce qu'un instant, l'adulation d'hommes en uniforme. Mary E. aime secrètement le beau pompier Marcel, bien qu'elle soit la seule à ne pas reconnaître l'étrangeté de leur présence à tous deux au casse-croûte exactement aux mêmes heures. Le bel étouffeur de feu a déjà été marié deux fois au cours des quatre dernières années et il se vante de connaître tous les méandres de l'âme féminine.

— Et les bouches d'incendie, ai-je mentalement conclu, les rares fois où sa conversation a porté jusque dans ma cuisine.

Un jour, le macho compare le clitoris à un petit bonbon acidulé; un autre matin, il raconte comment les lèvres pulpeuses de la Manon de Machinpoulos lui avaient jadis compressé la bitte dans le parking de la Canadair. Heureusement que Marcel est, à Saint-Laurent, le spécialiste des pinces de désincarcération. Son coéquipier raconte que l'année dernière Marcel a dû sortir d'une Honda Prélude flambant neuve une Asiatique en deux morceaux, sur l'autoroute Métropolitaine, avec les tubes verdâtres de l'intestin chinois pendouillant sur le garde-fou, à la hauteur de l'échangeur Décarie.

— Ce sont des situations pires que le feu! de conclure le brave Marcel après avoir mimé cette terrible histoire pour la centième fois.

Mary E. nous rapporte l'argent de la livraison et nous remet aussi l'argent du pourboire qu'une femme de son rang (quoique mal défini) ne peut quand même pas accepter de garder. Elle m'offre, certaines fins de journée, d'aller grignoter avec elle chez Wings and Things ou chez Cicerone, l'Italien du boulevard Henri-Bourassa. Elle veut me connaître, prétend-elle, comprendre comment je fais pour me contenter de ce casse-croûte. Elle veut savoir si j'ai un amoureux, et quelle sorte d'affreux mari a bien pu abandonner une aussi brave femme que moi.

Moi, c'est son existence à elle qui me fascine : comment elle a pu demeurer si longtemps au service de la belle-mère. Vivre par procuration, vieillir sans homme ni enfant déclaré. Je suppose que nous avons chacune ce qui manque à l'autre. Damnée planète qui s'amuse, encore une fois, à nous faire accroire qu'on est incomplet parce qu'il nous manque ce dont on n'aura probablement jamais besoin pour devenir ce qu'on n'acceptera jamais d'être devenu! Damnés soupers avec Mary E, avec Betty, avec Martine et plus tard avec Martha! Damné démon qui, sous prétexte de nous faire converser agréablement, nous infecte insidieusement le cerveau, semant le doute, la peur et ses affreuses graines de désespoir! C'est le beau Marcel qui a probablement raison : mieux vaut faire l'amour que l'intelligente philosophant avec ses semblables.

— Vous autres, les femmes, affirme Marcel, vous déboulez trop facilement les unes dans le malheur des autres, et ce que vous appelez de la compassion, c'est une sorte de frustration qui finit par se retourner bout pour bout et vous donner un bon coup en plein front!

Des fois, je me demande ce qui arriverait si nous réussissions vraiment à croire qu'il n'y a que l'amour, que l'enfer n'existe pas, que nous n'avons jamais été chassés du paradis, que nous sommes bienheureux et que toute cette machination du Jugement dernier est en fait une énorme supercherie ébauchée par certains pour mieux gouverner leurs semblables. Peut-être que je ne trouverai jamais ce qui me manque tout simplement parce qu'il ne me manque absolument rien. Mais là, je divague encore; je pêche par orgueil en essayant de prétendre que je suis parfaite. Non, ce serait beaucoup trop paniquant de savoir qu'il n'y a rien à faire pour gagner son ciel. Tout le monde se laisserait mourir s'il n'y avait plus de Jugement dernier et le pauvre saint Pierre, à la porte du ciel, serait débordé. Non, non, s'il n'y avait que l'amour, le ciel n'aurait pas de porte, Dieu serait partout, et l'enfer n'existerait pas. Non, non, s'il n'y avait que l'amour, je serais un ange et mon cœur serait en permanence rempli de Dieu, de paix et... de contentement. C'est impossible, tout ça. Mes imperfections, mes mauvaises pensées, mes échecs, ma jalousie, mon manque de sagesse et mon ignorance me prouvent tous les jours que j'ai encore beaucoup de chemin à faire. D'ailleurs, je suis bien inférieure à mon ange gardien; c'est lui qui me sauve toujours et non le contraire. Non, non, maintenant j'ai peur parce que j'ai osé, une minute, me comparer aux magnifiques anges que la providence m'envoie. J'ai peur que Dieu punisse ma témérité et cesse de penser à moi. J'ai peur qu'un de ses archanges décide de me sevrer des belles douceurs que j'expérimente certains jours. Je suis certes indigne, mais la chose que je désire le plus au monde, c'est de m'approcher le plus possible de Dieu et de son paradis.

33

Des instants de rêve traversent
la monotonie du casse-croûte

Un jour, Mary E. Falcon annonce à tout le monde que Syndicat (sobriquet donné à un client à cause de son implication dans le syndicalisme roulant) veut m'épouser et que je deviendrai tout probablement la troisième épouse vivante du chauffeur de taxi arabe. Oui! j'aime ses beaux yeux dessinés noirs dans une figure couleur de chair d'aubergine rôtie sur la plaque. J'aime surtout son discours velouté, les avant-midi de peu d'achalandage où le trafic urbain lui laisse le temps de siroter chez nous quelques thés aromatisés à la menthe fraîche. J'en achète spécialement pour lui et c'est cela qui fait dire à Mary E. que le petit bouquet de feuilles parfumées se changera bientôt en corsage de mariage. Nous jouons, Syndicat et moi, à faire croire qu'elle a raison; que je me fous de ses autres obligations et qu'il trouvera toujours quelques voyages de plus à faire, entre Dorval et la Place-Ville-Marie, afin que nous puissions, lui et moi, jouir des sables chauds d'al-Manãma. Ces instants de rêve traversent la monotonie du casse-croûte tels de magnifiques transatlantiques, traînant avec eux nos fictives idylles, nos fantasmes et des rêves impossibles à réaliser. J'aime Syndicat, je l'avoue, mais j'aime aussi Yvon de Taxi Champlain et Frank de Canadair; je les aime tous, et j'essaie de comprendre pourquoi Mary E. refuse si fortement d'accorder un sourire, une caresse du regard ou même une demie de son petit carré de beurre à un étranger assis à côté d'elle. Je refuse, quant à moi, de croire qu'il faille être marié devant le juge pour offrir à l'autre sexe ces quelques douceurs si nécessaires à l'existence.

Je donne des conseils sur l'alimentation des nouveau-nés à Frank sans même lui toucher le bout du doigt, parce que sa femme travaille de nuit à Sainte-Justine et qu'il passe ses avant-midi à se battre avec les différents graffitis de l'infirmière apposés sur chaque biberon. J'ai même, sans jamais que Mary E. le sache, fait cuire la dinde de Noël pour Yvon, dans le four du casse-croûte, parce que sa dulcinée à lui travaille elle aussi de nuit, mais dans un tout autre genre d'infirmerie, appelée Chez Paré (cabaret de danseuses nues du centre-ville de Montréal). J'emballe des centaines de portions de cretons maison dans des petits contenants de plastique transparents pour que les gars puissent en avoir chez eux la fin de semaine; pour qu'ils puissent les faire goûter à leurs blondes, à leurs femmes ou à leurs amis qui ne connaissent pas encore notre adresse. Je fais tout pour leur plaire et, quand j'ai épuisé mes ressources, je recommence à chercher de nouvelles façons de tirer sur l'amour pour qu'il explose. J'aime aussi, je m'en confesse, les multiples racontars que la générale Falcon invente au rythme de mes péripéties.

Fin 1989, j'ai l'impression qu'une nouvelle planète commence à germer sous l'asphalte du parking de Côte-Vertu et que son parfum favorable va bientôt traverser le prélart du casse-croûte.

34

Le déjeuner Réveil Samira

Un matin, un homme d'une cinquantaine d'années au visage foncé et chaud apparaît dans l'embrasure de la porte du boui-boui. Sa figure est coupée par une épaisse moustache coiffant un sourire irrésistible. L'homme hésite quelques instants à entrer, puis finit par céder à la muscade d'un gruau venant tout juste d'être servi au comptoir. De toute évidence, ce réfugié de noble famille est habitué à de plus luxueux établissements. Il avance vers le comptoir et doit enjamber la canne du vieux Sarto pour s'y installer. Il lorgne quelques instants les manœuvres de crêpes ayant lieu sur la grande plaque de cuisson et demande :

— Des fruits… si possible bien frais, mademoiselle.

— Frais! rétorque Marie, comme si elle avait trouvé une tarentule dans le pot de sucre. Diable! monsieur, nous n'avons *que* des fruits frais. D'où sortez-vous pour ne pas le savoir?

Et voilà monsieur Samira obligé de lui raconter toute son histoire de fleuriste immigré accusant une certaine réussite sur le boulevard Décarie à Saint-Laurent. La demande de Samira nous fait lui servir une belle assiette ne contenant que des fruits joliment coupés, sans crêpe, fromage ou pain doré. Parce que c'était son déjeuner favori à Beyrouth, du temps où sa mère lui apportait elle-même la petite assiette transparente toute remplie de pêches, d'abricots et de figues à la chaire mauve.

Quoique notre assiette soit composée d'autres variétés de fruits frais, nous l'avons baptisée RÉVEIL SAMIRA à cause du fleuriste libanais et longtemps nous l'avons illustrée avec une rangée de tulipes multicolores sous les mots.

35

L'omelette Dix Étages

Quelques jours plus tard, le *boss* du dixième étage de l'édifice d'en face atterrit sur notre perron. Marie sursaute en apercevant le gaillard à cheval sur le premier tabouret de son comptoir. Poids plume et le teint poudreux, l'homme bouge étrangement sa crinière fadasse en essayant de s'y retrouver dans les gribouillis d'une pancarte. Il cherche une omelette. Lorsqu'il s'adresse enfin à la serveuse, sa voix est d'une telle douceur que Marie avale quelques mouches avant de se ressaisir.

— On a juste trois sortes d'omelettes, monsieur, pis oui, cherchez pas, j'ai encore oublié d'apporter les journaux à matin.

— Au fromage avec des patates rôties, se résigne à dire le client au visage un brin ingrat. Et un chocolat chaud, parce que j'ai pas besoin de trembler lorsque je marche sur la poutre du dixième étage.

L'imprévisible Marie s'entiche immédiatement de ce cow-boy de la construction. Elle lui rapporte les frasques de ses clients électriciens et, en cachette de moi, lui raconte les histoires croustillantes dont les pompiers l'ont aspergée ce matin même. Antoine et sa troupe de maçons deviennent vite des clients réguliers de dix heures et demie. Ils s'installent à la grande table ronde à l'avant du boui-boui et murmurent vaguement en trempant la langue dans la boisson chaude. À leur allure calme et docile, on reconnaît des gars habitués à la maîtrise des hauteurs. Je les observe du fond de ma cuisine. Ils sont accroupis, presque silencieux, ressemblant à de gros oiseaux agrippés sagement au parapet d'une corniche.

Et puis, un samedi vers deux heures, Antoine, comme un seul homme, rapplique au casse-croûte et me parle pour la première fois. Il fait des heures supplémentaires. La construction de l'édifice achève et le contremaître de Laduco a remarqué une dépense inhabituelle concernant des feuilles d'amiante utilisées pour les cages d'ascenseur. Antoine a passé l'avant-midi à lui réciter les antécédents de chacun de ses hommes en l'assurant de l'intégrité d'une équipe avec laquelle il travaille depuis plus de huit ans.

— Faudrait regarder du côté des ferblantiers pis laisser mes gars empiler calmement leurs briquettes, déclare Antoine comme s'il s'adressait à monsieur le juge en toge noire. Toi, madame Cora, accuses-tu ta serveuse quand y te manque de la farine pour ta pâte à crêpe? Faut pas exagérer sur le pain béni. La maçonnerie Sainte-Marthe a quand même sa réputation! Vingt-cinq ans à briqueter des squelettes d'édifices! Pis des plus hauts que celui d'en face, à part ça!

158

L'homme déterre devant moi une soudaine vigueur entremêlée d'agressivité et de droits bafoués. Il parle du contremaître inquisiteur comme d'un lointain beau-père qui l'aurait fait souffrir. Heureusement que le casse-croûte est vide; aussi vide que le ventre du cow-boy qui demande maintenant son omelette. Je m'active donc pendant que, avec une douceur un peu affectée, Antoine me raconte quelques fragments de sa vie; à quel point il aime ses compagnons de travail, sa banlieue de Châteauguay. Et il me demande de deviner quel est son passe-temps favori.

— Oui, madame, j'suis comme vous : j'adore faire la cuisine !

Et sans faire attention à la belle Mirella qui vient juste d'entrer dans le casse-croûte, l'ouvrier commence à débiter la recette de son chef-d'œuvre le plus réussi :

— Je ramasse tout ce qui traîne dans le frigo : jambon, bacon, des saucisses que je coupe en rondelles et même du baloné lorsque ma femme accepte d'en acheter, des oignons, des morceaux de tomate, du piment, de la crème et du fromage pour le râper sur le dessus de l'omelette, que je sers dans la plus grande assiette du buffet. Je casse, madame, quatre ou cinq gros œufs dans le bol à salade et je les brasse ensemble; j'y ajoute la viande que j'ai coupée en fines lamelles et que j'ai fait sauter dans une poêle avec les gros morceaux de légumes; j'ajoute la crème, un peu de poivre parce que je ne mange rien sans poivrer, et je verse ça, madame, dans la grosse poêle en fonte de feu la grand-mère Josianne; et j'attends le temps de remplir le percolateur et de faire sept ou huit toasts. Puis, j'appelle ma femme pour qu'elle sorte du lit. Et on mange, madame, avec tout le respect que je porte à votre Cora, la meilleure omelette du monde! Ah! j'oubliais, y m'arrive d'ajouter des feuilles d'épinards frais dans le mélange lorsque ma Carméla les a pas toutes bouffées avec sa maudite diète d'Hollywood! Elle partira jamais tourner des films pour autant, mais le samedi, c'est garanti qu'elle triche. Elle peut pas résister à mon omelette, madame, lorsque je dépose l'assiette sur la table mauve de la cuisine. Mon père dit que c'te mauve-là, c'est pas une couleur qui nous ressemble, à nous autres de Shawinigan! Enfin, madame, mon omelette, vous devriez la faire icitte même, dans votre restaurant. Les gars se rouleraient à terre, ou bedon ils auraient plus le goût de charrier une seule brique! C'est à vous de décider! Moi, je suis juste un maçon en charge du dixième étage de chez Laduco. Je mange icitte parce que ça me fait penser à che nous... pis parce que vous me faites penser à ma mère. Vous faites les mêmes crêpes qu'elle nous faisait. Je dois pas être le premier à vous dire ça.

À mesure qu'Antoine énumère les ingrédients de son omelette, je les ajoute dans le bol à mélanger. Et voilà que je dépose devant lui son omelette préférée. Après nous être remerciés mutuellement, nous décidons de baptiser ensemble le nouveau déjeuner.

— L'omelette Antoine ou la dix étages, que je propose.

— Appelez donc ça la Dix Étages, madame... pour tous les gars de la maçonnerie Sainte-Marthe qui se sont encore esquinté les os à rejointoyer tous les murs du dixième étage à Laduco.

— Promis, Antoine! Ça va s'appeler l'omelette DIX ÉTAGES. Pis ceux qui connaîtront pas notre histoire pourront toujours penser que c'est à cause des dix ingrédients qui composent l'omelette.

Grâce à Antoine, un nouveau déjeuner à succès vient de s'ajouter à notre répertoire.

36

Le déjeuner Eggs Maurice

Un jour, un auditeur assistant à une conférence de Napoléon Hill lui demande de lui dévoiler la recette qu'il considère comme étant la plus simple pour faire de l'argent. L'illustre motivateur ne prend pas le temps de réfléchir et dit :

— Mes amis, rendez-vous, de ce pas, dans n'importe quelle ville de votre choix, installez-vous-y, prenez ensuite quelques jours pour observer ce dont la population a le plus besoin, procurez-vous-le et offrez-le aux gens. Voilà la meilleure façon de s'enrichir !

Ce matin, ce dont Germaine Pock a besoin pour réussir à convaincre son mari de l'accompagner dans son pèlerinage dominical à notre casse-croûte, c'est de ma promesse que, oui, nous ajouterons des grosses saucisses fumées bien rôties à notre choix de viande du matin. Son colosse à tête carrée de mari a été élevé aux gros *wieners*; il en a bouffé des milliers depuis l'enfance. Pourtant, encore aujourd'hui, à cinquante ans passés et malgré les doigts de fée de sa Germaine dans la cuisine, Maurice insiste pour faire rôtir ses grosses saucisses, au moins une fois par semaine, le dimanche, avec les quatre œufs brouillés de sa ration habituelle de cholestérol.

— Oui! Germaine, je te promets qu'on va avoir des saucisses fumées au menu dimanche prochain!

— C'est pas la chose la plus compliquée à trouver! ajoute Évelyne avec son sérieux d'institutrice. On va appeler notre Maurice de Délipro. Je suis certaine qu'il s'y connaît, lui aussi, en saucisses!

Une semaine plus tard, lorsque le Maurice à Germaine se pointe dans l'encadrement de la porte du vestibule, il ressemble davantage à un jeune maître nageur de Key-West (presqu'île américaine réputée pour son climat paradisiaque) qu'à un vieux mangeur de saucisses de Cornwall. Sa musculature d'Adonis style gros *wieners* est parfaitement bien fumée et deux noisettes blondes ont été piquées dans ses trous de yeux. Maurice hume d'abord le nouvel environnement, puis installe sa viande sur le tabouret vacant le plus rapproché de la cuisine.

En lui servant exactement ce que son cœur désire, nous gagnons non seulement un nouveau client, mais aussi une nouvelle assiette de déjeuner baptisée, bien sûr, EGGS MAURICE!

Plus on vend de saucisses, plus elles sont fraîches; plus elles sont fraîches, plus on en vend; plus on en vend et plus on fait de l'argent. Napoléon Hill avait bien raison.

37

L'assiette Citrus Ballerina

Utilisant les circonstances les plus saugrenues ou les créatures les plus drôlettes, mon imagination dessine directement dans l'assiette du client la forme que prendra son désir lorsqu'il aura terminé sa phrase. Ainsi ai-je compris, dans ce que le plombier m'explique au sujet du pamplemousse, qu'il ne réussit jamais à manger complètement.

Je pèle le gros agrume et le coupe en tranches que j'étends en alternance avec des tranches d'orange dans une belle assiette transparente. Je dépose ensuite une feuille de chicorée près des rondelles acidulées et une grosse fraise juteuse dont la bedaine a été élargie en éventail. Le plombier, surnommé Ballerina à cause d'un déguisement rose de ballerine dont il nous a un jour montré la photo, est immédiatement ravi du spectacle ainsi que de l'occasion qui lui est offerte d'avaler son potassium en si agréable compagnie. Ballerina demeurera longtemps un fidèle client du casse-croûte; c'est lui qui, de temps à autre, nous débouche un tuyau ou répare le siphon du congélateur tout à fait gratuitement parce que nous l'avons aidé à manger ses vitamines. Il viendra plus tard s'occuper des modifications à la plomberie du deuxième Chez Cora en insistant pour être payé au rabais.

— Par solidarité, précisera-t-il, parce que vous méritez de réussir et parce que, parmi ma clientèle, il y en a qui ont les moyens de grassement compenser.

À sa façon, Ballerina tire les ficelles de sa propre planète et il se moque éperdument de la communauté de cons qui, le soir du bal de la municipalité, l'ont confondu, lui, déguisé pour l'occasion en ballerine rose, avec Gislaine Migneaut, la vieille cosméticienne hystérique de la pharmacie Uniprix.

38

Madame Parfum et son clan de gazelles

Adélaïde Parfum a, elle aussi, une ballerine dans la famille. Mais, malgré la popularité grandissante de cette dernière, la *mater familias* est toujours la plus grosse bouteille de la famille. De par sa stature imposante et à cause de la lourdeur rauque de sa voix, madame Parfum dirige majestueusement son clan de gazelles. Elle décide elle-même des désirs de chacune et coordonne aussi bien les dépenses que les déplacements de sa progéniture. C'est ainsi qu'elle accoste chez nous, un dimanche matin de septembre, en attendant que débute le solde d'entre-pôt des parfumeries Dans un jardin. Elle a décidé que tant d'aromates doivent être achetés au rabais et, pour adoucir sa décision, elle a enfin consenti à inviter ses cinq jeunes femelles au fameux casse-croûte de déjeuners dont son mari se fait le fidèle défenseur. Elle va constater *de visu* la santé de par les fruits, comme dit son Jean-Claude, et les plats de crêpes à vous faire redresser les aïeux dans leurs cercueils. Madame Parfum arrive la première avec les jumelles Janette et Ginette qui sont aussi les deux plus jeunes de la famille. Jovette, Josée et Jacynthe vivent en appartement dans le sous-sol du duplex du beau-frère à Saint-Laurent.

— Elles devraient déjà être là, déclare la matrone en crachant sa voix vers la cuisine pour attirer mon attention. Les petites gueuses veulent se parfumer la fraise sans sortir l'orteil de sous la couette! Ginette! Janette! Séparez-vous une assiette de crêpes aux bleuets, ordonne la caporale chauffée à blanc. On va voir si y a du vrai beurre par icitte!

Ma Julia raffole de ce genre d'énergumène! Et elle décide de l'affronter. Elle a d'ailleurs sacrifié les deux seules tables pour quatre du casse-croûte pour accueillir la dynastie des Parfum. Et elle n'a pas l'intention de perdre inutilement ses précieuses places assises.

— Madame? demande Julia.

— J'attends mes filles, répond Adélaïde.

— Je regrette mais vous devez commander immédiatement nous ne pouvons pas retenir la table plus longtemps! ordonne Julia.

— Pardon? Qu'avez-vous dit? demande madame Parfum.

Et, à l'instant même où Julia s'apprête à garrocher un seau de mots épicés à la furie odorante, une soudaine odeur de fleurs printanières brouille le boucanage de nos viandes.

— Jovette! s'exclame Julia en visant la porte d'entrée. J'aurais jamais imaginé te rencontrer ici.

— Hum! C'est ta mère? Enchantée, madame! Je... hum! je connais Jovette depuis quelque temps... Oui, oui, à l'école, enfile Julia.

— Voici Josée, ma sœur, la danseuse.

— Enchantée, mademoiselle, j'admire les ballerines! ajoute ma fille pour être gentille. Maman! c'est Josée Parfum, la sœur de mon amie Jovette!

— On savait pas qu'on était en terrain connu, ajoute la générale Parfum. Mon mari vient ici à l'occasion avec les gars de Canadair. C'est sympathique! Et y paraît que c'est bon!

— Papa mange vos crêpes aux bleuets pis y dit que c'est meilleur qu'à l'hôtel, s'exclame la jeune Ginette tout enthousiaste.

— On va tous en prendre, à matin, pour vérifier, ordonne Adélaïde Parfum. Quatre assiettes parce que les petites vont s'en séparer une.

— Bien, madame! fait Julia. Du jus d'orange avec ça?

— Non, non, on en a pris à la maison, répond la grosse femme avec une moue interrogative. Y paraît que vous avez de la sauce pour mettre sur les crêpes, de la sauce Cordon?

— Gordon, corrige Julia. C'est un genre de crème anglaise, absolument délicieuse avec tous les plats de crêpes et de pain doré!

— On en veut! quémandent les cinq goulots de Parfum d'un commun accord.

— Ma mère fait dire que c'est parfumé à la vanille, ajoute Julia pour contenter le nez de dame Parfum.

La dynastie odorante s'empiffre et finalement tout le monde est très satisfait dans le casse-croûte. Les demoiselles Parfum deviennent de fidèles ambassadrices pour nos crêpes aux bleuets nappées de

168

Cora, âgée de vingt ans, heureuse de poursuivre ses études classiques chez les religieuses au collège Cardinal Léger.

Le mariage grec en 1967. Cora devient officiellement Mme Tsouflidou

Le petit Titan « saucé dans le chaudron du baptême orthodoxe devant tous les membres endimanchés de la famille grecque ».

En 1987. Cora et Marie, derrière le comptoir du premier Cora sur Côte-Vertu, à Saint-Laurent.

Sur Côte-Vertu, la patronne en compagnie du premier laitier Cora.

*En 1993. C'est au sous-sol du restaurant sur Saint-Martin que Cora
a installé son bureau; elle travaille sur une table en contreplaqué
entre les poches de farine et l'atelier de cuisine. Ici, elle est
en compagnie de son petit-fils Alexandre.*

Julia, la fille de Cora, dirigeant la formation d'un groupe de futurs employés. Franchisage oblige !

pancartes illustrant le menu sont une des amusantes idées de Cora pour se démarquer des autres restaurateurs. Elle les conçoit et les dessine.

1992. Nicholas, le benjamin de la famille, au comptoir à fruits du troisième
Très tôt, il élabore un manuel de recettes pour les plats de fruits du conc(

crème anglaise. Josée, la ballerine, reviendra très souvent avec plusieurs personnalités de la colonie artistique. Et c'est à notre comptoir qu'elle rencontrera Redgy, son futur mari, à qui elle aura tout bonnement demandé de lui passer la bouteille de ketchup.

Le chef d'orchestre invisible va très loin lorsqu'il décide d'entreprendre une symphonie dans le casse-croûte. Il rassemble les amis de longue date ou fait se rencontrer les futurs époux sans que ceux-ci y soient même préparés.

39

Merle Manzi,
le détective américain

Ainsi, un autre jour, l'ange invisible amène au casse-croûte un certain Merle Manzi, détective privé que j'avais rencontré du temps de ma convalescence en visitant le fameux Quincy Market de Boston. Merle avait le torse vissé à un comptoir de côtelettes à la sauce piquante lorsque le cordonnet de ma sandale s'était accroché à l'éperon argenté de sa botte en peau de crocodile. J'avais juste voulu vérifier la raison de l'attroupement d'une vingtaine de gros mâles devant un étrange engin rotatif servant à griller les plus grosses côtes levées de flanc du Nord-Est américain.

— *Yes Ma'am! It's good!* m'avait lancé l'inconnu auquel j'étais maintenant rattachée par le soulier.

— *Sir! My shoe is stuck to your boot.* (Monsieur, mon soulier est accroché à votre botte.)

— *Lady, I'm eating!* avait clamé un trou de bouche déconnecté du reste de son corps. (Madame, je mange!)

— *Please Sir, listen to me! My shoe is stuck to yours.* (S'il vous plaît, monsieur, écoutez-moi! Mon soulier est pris au vôtre.)

— *Then, Lady, you must have one of those delicious ribs!* (Alors, madame, vous devez prendre une de ces délicieuses côtes levées!)

Revenue des États-Unis, j'avais tellement bien décrit le matador à ma fille Julia que, lorsque celui-ci se présente un jour sans avertir dans notre petit restaurant, ma complice le reconnaît aussitôt juste en se rappelant la peinture de mots que je lui en avais faite. Elle l'interpelle sans hésitation :

— Merle Manzi! *Hi! How are you Sir?* Bonjour, Merle Manzi! Comment allez-vous?)

Le détective américain gèle sur place et manque de tomber raide mort devant Julia. Il a été promu à la CIA et se trouve à Montréal en mission «top secrète». Il a pensé profiter d'une petite heure de relâche pour venir faire rouler ses éperons devant moi. Et voilà qu'une inconnue le reconnaît; une jeune fille qui, de par son allure exotique, peut facilement faire partie de la troupe d'étudiants mexicains qui menacent présentement la vie de son président. Merle vient d'être nommé responsable de la capture d'agitateurs réfugiés à Montréal, selon des informateurs. Et voilà qu'on le reconnaît!

— *Sir, please have a seat, we know you in this place. We were expecting you would come one of those days. Have a coffee Mr. Manzi! Please sit down! Let me take your briefcase, and sit. We also have hot chocolate. You are Merle Manzi, aren't you? Please answer, Mr. Manzi.* (Veuillez vous asseoir, monsieur. Nous vous connaissons ici. Nous nous attendions bien à ce que vous veniez un de ces jours. Prenez un café. S'il vous plaît, assoyez-vous. Donnez-moi votre porte-documents. Nous avons aussi du chocolat chaud. Vous êtes bien Merle Manzi, n'est-ce pas? S'il vous plaît, répondez.)

Mais le détective reste muet de stupeur. Mi-figue, mi-raisin, il s'accoude sur le bord du comptoir et demande par signe à utiliser un téléphone. Julia lui répond elle aussi avec ses mains qu'il lui faudra traverser le casse-croûte et aller dans la cuisine où se trouve le seul appareil disponible. L'homme refuse de bouger et c'est ainsi, pantois, que je le découvre en remontant du sous-sol, les mains pleines de gros poissons multicolores dessinés pour le 1er avril du lendemain.

— *Merle Manzi! Long time no see!* (Merle Manzi! Il y a longtemps qu'on s'est vus!)

— Co… Co… Cora?! *Wow! It* is *you! Darling how are you?* (Cora? Mais oui, c'est vous! Comment allez-vous?)

La peur se dégonfle en staccato dans la camisole du policier américain! Merle avale quelques *pancakes* trop minces pour son appétit et s'empresse de m'inviter *for dinner*. Selon les policiers du poste 53, le meilleur *steakhouse* en ville est situé sur le boulevard Saint-Laurent.

Les policiers avaient raison, car jamais je n'ai été traitée aussi bien qu'au bras de cet Américain dans ce grand restaurant Moishes où deux ou trois serveurs surveillent votre table en permanence; un pour l'eau, l'autre pour les cornichons et le troisième pour la commande du repas. Lorsque les steaks arrivent, les gros couteaux aux dents longues suivent de près. Merle transpire en contemplant l'épaisseur de la viande.

Il saisit brusquement l'arme tranchante et se met à souffler comme un bovin devant le sacrifice d'un semblable.

Dieu merci, ce vrombissement de la langue lorsqu'elle jouit me ramène mentalement au casse-croûte que je ne quitterai jamais, au risque de dé-crépir célibataire comme Mary E. dans son coquil-lage hermétique.

S'étant habitué à ne pas boire de vin lorsqu'il est en service, l'officier s'abstient d'en commander. Les yeux sur les rainures de son cou, je surveille le passage d'un gros millefeuille à peine mastiqué. Lorsque la pâtisserie traverse la gargamelle amé-ricaine, j'ai déjà fermement décidé que dans deux minutes je vais me lever et invoquer un soudain malaise pour quitter la salle à manger lambrissée de velours cramoisi.

De retour au casse-croûte, je suspends, malgré l'heure tardive, dix-huit gros poissons de papier colorés au-dessus des tables et du comptoir; de beaux poissons flottant comme moi, célibataires dans leur nuit.

Le lendemain, Julia entreprend de lire les jour-naux. Elle se cherche une ressemblance parmi les fugitifs mexicains. Merle disparaît dans la foule comme tous les autres visiteurs venus au casse-croûte l'ont fait avant lui. Et il nous est impossible de savoir s'il a jamais capturé ses agitateurs. En ce qui me concerne, je viens encore une fois d'échapper à l'emprise du taureau et d'acquérir la certitude de pouvoir décrire avec des mots des personnages ou des situations avec une telle acuité qu'on serait capable de les reconnaître sans jamais les avoir vus ni vécues.

Je peux, ce matin, servir aux hommes d'affaires assis au comptoir des bols à soupe remplis d'eau avec, dedans, un poisson rouge à la nage et je suis capable, en même temps, d'alimenter la précieuse imagination habitant ma tête. Je suis convaincue que le jour viendra où toutes mes idées seront assez mûres pour s'incarner. Il me faudra juste attendre que l'ange allume la lampe devant ma page.

40

La crêpe Avril 89

La plantureuse crêpe AVRIL 89 à la cape bien garnie est arrivée parmi nous le lendemain du jour où nos clients habituels ont trouvé les fameux poissons rouges dans leur soupe. Betty, notre divorcée préférée, considère que nous lui devons une grosse faveur pour le traumatisme marin subi la veille.

— Oui, ma belle Betty, demande-moi ce que tu veux, et j'vais te le faire !

— Humm !

Les lèvres de Betty effectuent quelques légers virements sur elles-mêmes puis se stabilisent en donnant à la bouche la forme d'un joli petit goulot peint rouge. Timidement, quelques « Peut-être ceci », « Peut-être cela » s'échappent de l'orifice parlant. Puis, tout d'un coup, poussée par la langue, une longue phrase en est expulsée :

— J'hésite, Cora, j'veux manger des crêpes pis j'veux aussi des fruits dessus, mais c'est pas assez cochon à mon goût pour compenser ta plaisanterie au poisson vivant. Tu pourrais pas ajouter de la crème trente-cinq pour cent ?

— Laisse-moi faire, Betty; ferme tes beaux yeux bleus et attends, je t'assure que la bouteille va t'exploser!

La jolie cliente vient de me donner une idée! Au lieu de faire cuire les trois crêpes et de les lui servir avec la portion de fruits habituelle, j'étends sur la plaque une grande crêpe mince, je la laisse cuire d'un côté puis la retourne. Je nappe ensuite la surface déjà cuite de crème pâtissière et y verse la portion de fruits; je plie vers l'intérieur chaque côté croustillant de la crêpe comme pour en cacher la garniture et je dépose le délicieux cadeau dans une grande assiette oblongue. Garni d'une rosette de crème fouettée et saupoudré de neige (sucre en poudre), le nouveau déjeuner provoque quelques implosions dans mon cerveau avant même que Betty puisse y piquer sa fourchette. Lorsque l'ustensile soulève une première cargaison de nourriture, des dizaines de yeux affamés sont rivés à la bouche maintenant grande ouverte de la jeune divorcée.

— Mmm! s'exclame Betty. Je suis prête à avaler des poissons rouges tous les jours si le lendemain tu continues à me faire de tels délices! C'est divin!

Ça l'est et, date mémorable, c'est aussi la première fois que j'utilise de la crème pâtissière dans une crêpe. Betty elle-même propose d'appeler la nouvelle création AVRIL 89. Adopté à l'unanimité, le nom est illustré de jolis dessins de fruits et épinglé juste à côté de la grande crêpe aux pommes du boulanger. C'est fascinant de constater que chacune des grandes vedettes de notre menu est issue d'un petit bourgeon de gourmandise expulsé des lèvres d'un client. Cela me démontre à quel point il est important d'écouter, et d'accorder autant d'attention au silence tremblotant d'un faciès qu'au tonnerre de mots fusant d'une bedaine affamée.

41

Ouf ! La tête hors de l'eau

Depuis deux ans, Côte-Vertu est devenu ma maison; l'endroit où toutes les choses importantes se passent. C'est ma vie en action et, Dieu merci, en transformation. Je ne veux plus penser à l'infortune du passé; ni avec Mary E., ni seule avec moi-même. Maintenant que j'ai la tête hors de l'eau, je veux uniquement penser au futur, au demain de mes enfants et de leur progéniture. Je commence à réfléchir différemment, à considérer mon petit restaurant comme un outil avec lequel je pourrais bâtir quelque chose de plus grand que notre actuel réconfort.

J'ai acheté ce comptoir sans voir plus loin que les lignes de mon calepin d'écriture. Mais aujourd'hui je trouve que les chapitres commencent à se répéter.

Je cuisine, je nettoie, je dessine et à temps perdu j'invente des déjeuners ou j'apprends de nouvelles recettes de ragoûts de boulettes. J'adore ma clientèle et le fait d'être entièrement dévouée à son service. Mère courage, mère poule et mère crêpe du quartier, je nourris avec entrain tous les marmots au ventre creux. Et, malgré la grande satisfaction que j'y éprouve, la chaleur de la plaque commence à rougir un peu trop souvent mes pauvres yeux. Je remarque aussi que l'incessant bavardage du métier ralentit dans ma gorge et je l'entends se taire peu à peu. Du comptoir, le gâteau aux carottes me regarde tristement à travers sa bulle de plastique; c'est lui qui s'aperçoit le premier que mon regard perd de son éclat, que la petitesse des lieux m'enferme moi aussi dans une cage transparente. J'ai cousu moi-même sur son affiche deux petites carottes de soie à la place des *T*, mais maintenant le gâteau ne retrouve plus sur mon visage l'enthousiasme qui m'a jadis inspirée. Il est grand temps qu'un nouveau miracle se produise…

Le gros avion pique vers le sol pendant que les passagers sucent leurs pastilles aigrelettes. Titan m'attend au bout du tunnel menant à l'arrivée des voyageurs. Il vit dans une petite maison de ville accrochée à mille autres sur la plus haute colline d'Atlanta. À l'arrière, au centre de l'agglomération urbaine, cent dix-huit familles bénéficient d'une immense piscine bleue au milieu de laquelle je revois, après dix longs mois d'absence, ma Marie flottant, le ventre bombé, telle une grenouille s'offrant au soleil. Marie cache dans ce ventre l'ultime raison qui me fera agrandir mon propre bassin.

Titan me promène dans cette ville américaine propre, prospère, ordonnée et respirant le commerce. Il m'amène sur les grands boulevards, dans les minuscules cafés, me montre les comptoirs de fudge et de gigantesques centres commerciaux. Comme il est vendeur de publicité, mon fils connaît par cœur tous les commerces de la ville. Sûr de lui, Titan parle avec l'audace de nos voisins américains. Il me décline des idées spectaculaires de sandwicheries; de « wraps » aux fèves noires et de « subs » dont il dénichera pour moi des centaines de combinaisons. Titan rêve d'enrichissement rapide et de voyages intercontinentaux. Mais moi, je ne cherche qu'à agrandir mon comptoir à déjeuner. J'ai passé vingt-quatre mois à amadouer les volatiles du poulailler et il me semble impossible de troquer tout cela contre une aventure en sous-marin bourré aux fèves noires ou, pire encore, compressée dans le pita à la tomate séchée des Mexicains.

À mon retour des États, un nouvel appétit criaille dans ma tête. Julia m'affirme qu'elle peut faire tourner le casse-croûte sans moi; elle a d'ailleurs engagé un jeune immigrant marocain qui fait d'aussi bons gâteaux que sa maman. Je peux retourner à la maison, me reposer, et même écrire des romans si j'en ai le goût.

Je ne pense pas à composer, mais mes lectures changent encore de cap. Les théories de management remplacent les écrits de Sœur Berthe et les règles de la comptabilité, l'alchimie des aliments. Je réfléchis. Je travaille encore tous les matins au comptoir pendant que Moumou cuisine avec Julia et que Nicole, la remplaçante de Marie, sert aux tables. Je quitte tôt le casse-croûte, vers une heure trente, à la recherche du brillant avenir qu'une cliente a fini par déchiffrer dans les feuilles bien cordées de ma tasse de thé.

Nos ventes hebdomadaires égalent bravement nos dépenses, mais il est facile de constater que l'argent ne s'accumulera jamais assez pour nous permettre d'améliorer grandement notre situation. Il faut aussi constater que le restaurant, trop petit, refuse continuellement des clients. Et c'est justement à cette file extérieure que je me mets à réfléchir; à ceux qui attendent dehors et me demandent d'ouvrir un autre établissement dans leur patelin, près du stade olympique, sur la rive sud, à Laval ou à Lachine.

— Aller recommencer ailleurs! Ouache! que je m'exclame.

— Aller *continuer* ailleurs, me reprend Julia.

— Parce qu'on va continuer à t'appeler tous les jours, pour le choix de la soupe du lendemain! ajoute Nicholas en voulant m'encourager.

Je cherche un nouveau défi. Puisque j'ai survécu aux aléas du *burn-out*, au sacrifice de l'écriture et au suicide dans l'escalier, j'ai probablement la carapace assez solide pour avancer.

— On est capables d'accroître nos activités, insiste Julia. La preuve, c'est qu'on a déjà commencé à y penser, ajoute-t-elle, convaincue.

Un jour, la liseuse de thé sort ses cartes de tarot pour me persuader que les affaires font partie de mon chemin de vie. J'ai, selon les étranges figurines, expérimenté dans d'autres vies les beaux-arts, le théâtre et l'écriture. J'y ai excellé et l'heure est maintenant venue d'assumer la maîtrise du commerce.

— Ouache! quel karma, que je réponds.

Tous les sultans de ma vie ont pris la poudre d'escampette en voyant la veste de cuisinière remplacer l'écharpe de la madone. Et je n'ai personne d'autre que mes enfants à qui parler des nouveaux bourgeons apparaissant sur les branches de mes pensées. Pourtant, un matin, je m'ouvre à notre brave marchand de café. J'ai avec lui la complicité des demi-caisses qu'il accepte de me vendre, malgré la règle de sa maison. Ce marchand a été l'un des premiers fournisseurs à cogner à la porte du casse-croûte en rénovation. Il avait même offert de nettoyer l'antiquité avec laquelle Machinpoulos abreuvait ses clients.

Monsieur Van Foutte connaît tous les bouis-bouis de l'île de Montréal et au-delà, tous ceux de l'île Jésus et du West Island qu'il a, à l'époque, comme second territoire. Il croit dur comme fer que nous réussirons encore, ailleurs. Et pourquoi pas dans un lieu plus grand où nous aurions la possibilité de servir encore plus de clients?

— Et de vendre encore plus de café! ajoute Julia pour faire plaisir au marchand.

J'ai trouvé un local sur Saint-Laurent près de Crémazie; un restaurant fermé depuis peu et pour lequel le propriétaire italien demande un loyer mensuel élevé puisque y est inclus tout l'équipement laissé sur place.

Monsieur Van Foutte me décourage immédiatement de m'installer à cet endroit en évoquant les problèmes de stationnement et en précisant que les bureaux de la Place-Crémazie, à proximité, sont depuis longtemps à moitié déserts.

— Pour votre deuxième commerce, il faudra choisir l'emplacement avec prudence, ajoute-t-il, en promettant d'ouvrir l'œil pendant ses livraisons.

Les deux yeux grands ouverts, je ratisse moi aussi la ville sur laquelle une première neige vient tout juste de s'allonger. Je marche dans les rues Fleury, Beaubien, Saint-Denis au nord et Jean-Talon Ouest, le secteur des allophones de mon ancienne vie. Il semble impossible de trouver un intérieur aussi attirant que l'a été la pauvre Miss Côte-Vertu. J'apprends cependant que le prix au mètre carré des locaux commerciaux change avec le nom des rues. Et que plus on descend vers la rue Sainte-Catherine, plus la difficulté de trouver augmente. C'est décourageant, surtout qu'au casse-croûte la clientèle, ameutée par les enfants, commence à discourir sur l'endroit où mère Cora devrait pondre son prochain œuf.

À mesure que l'hiver s'installe, l'intensité de mon regard diminue. Heureusement, par contre, que ma destinée, elle, voit très large. D'aussi loin qu'Agadir, la mère de Moumou rappelle son fils exilé pour le mariage de la grande sœur. Et cette absence du cuisinier me ramène pour trois semaines aux casseroles du casse-croûte.

— Pour me chauffer les pieds! pensé-je, ravie.

Pour m'apercevoir aussi que, même privée de sa reine, la ruche va bon train. Les ventes augmentent et le midi de nouveaux hommes d'affaires se chicanent les places assises au comptoir. Un certain monsieur Léo s'est joint à la cohue des habitués. C'est un maniaque du pâté au saumon qu'il dévore, au dire de Nicole, avec une double portion de béchamel aux œufs.

Je retrouve peu à peu la fougue des débuts lorsque, le dernier jeudi avant le retour de Moumou, un jeune fanfaron s'installe au comptoir, juste après le rush du midi. Il enfile deux Coke diète coup sur coup, puis demande à parler à la patronne. Il a un casse-croûte à vendre, à Laval, dans un petit centre commercial du boulevard Saint-Martin situé en face de nouveaux édifices à bureaux. L'homme parle d'un grand comptoir de neuf tabourets et de tables où peuvent s'asseoir jusqu'à cinquante personnes; je connais l'endroit pour m'y être réfugiée, à l'occasion, quand la maladie de la brûlure tapait trop fort en public. Le blanc-bec me dévisage pendant que moi, les deux mains enfouies dans l'eau froide, je frotte ensemble les pois jaunes de la soupe du lendemain.

— J'te laisse tout ce qu'y a dans le restaurant pour soixante mille!

Je renverse presque ma chaudière de pois en recevant le prix du blanc-bec dans le nez. Jamais personne ne salissait les chaises de son palais chamarré, je le savais trop bien, sauf quelques malades comme moi, dans le temps. Comment pouvait-il en demander autant?

— Soixante mille dollars pour avoir pignon sur le fameux boulevard Saint-Martin à Laval, c'est une aubaine, maaadame!

Virés vers l'intérieur du cerveau, mes yeux commencent à additionner nos maigres économies. Sept à huit mille dollars représentent tout ce que nous avons au monde.

— Une occasion en or! insiste énergiquement le vendeur.

Il a entendu parler de notre réputation et nous sommes, selon son analyse, les meilleurs acheteurs pour son commerce. Le véritable tiraillement commence. Je m'aperçois que les mimiques familières de Côte-Vertu volent elles aussi dans la bande. Je veux avancer, mais je veux aussi rester ici avec ce monde que j'aime tant. Ce sont les enfants qui me forcent finalement à sortir de ma réflexion; ils veulent aller visiter «notre deuxième Chez Cora». L'emplacement leur semble emballant. Et quant au prix d'achat, disent-ils, ne leur ai-je pas toujours répété que l'argent, c'est secondaire? Je pense tout haut :

— Soixante mille dollars pour le boulevard Saint-Martin, pour Laval, pour l'île Jésus tout entière, ça vaut peut-être la peine de traverser la rivière pour aller voir...

Martine, une fidèle cliente présentement en congé, offre sa nouvelle fourgonnette pour que nous y allions dès cet après-midi. Soixante mille dollars pour un bassin de quatre-vingt-dix mille personnes, à la condition qu'on nous y aime autant qu'ici! J'y pense sérieusement.

Le vendeur quitte notre comptoir en nous laissant l'impression que si nous n'achetons pas son restaurant notre avenir est foutu à jamais. Mais soixante mille dollars! C'est une somme astronomique pour nous.

— Julia, on ira visiter les lieux à quatre heures, promis, juré, me suis-je entendu dire.

En traversant le pont de l'autoroute 15 dans la fourgonnette bourgogne de Martine, j'empile les cartons d'œufs sur le nouveau comptoir lavallois. J'ai déjà mesuré mentalement les vitrines de la devanture et j'y installe des cantonnières de cotonnade fleurie. Il y a même de la place, en avant près de la caisse, pour un petit divan d'occasion recouvert du même tissu que les rideaux. Il faudra cacher la vieille hotte, peut-être derrière un écran en bois, et mettre du papier peint dans deux toilettes pour leur donner un air maison. On pourra aussi tapisser de jute le bas des murs et, au dessus, installer nos belles pancartes comme des tableaux. Je vois des serveuses portant un t-shirt noir, sur lequel est brodé CORA, et un grand tablier blanc. J'installerai même le buffet de ma mère qui nous encombre depuis la vente de la maison de Boisbriand. On remplira les bords de fenêtre avec les belles grosses poules de parterre qu'on a récemment trouvées chez Goineau et Bousquet. Il y a tellement d'espace pour dessiner, et puis finies les interminables balades dans la gadoue glaçante de Montréal.

Lorsque le véhicule s'immobilise dans le parking du nouveau casse-croûte, mon cœur arrête lui aussi de ronronner. Il m'est totalement impossible de discerner qui de la Providence ou de Satan m'offre aujourd'hui cette occasion troublante. Est-ce l'ego rusé agitant devant mes yeux un fromage plus gros que son bec ou simplement le destin accomplissant banalement son devoir envers moi? En sortant de l'engin, j'ai l'impression de plonger dans un océan trouble. Le vendeur fanfaron accepte une grosse balance de vente. Le loyer dépasse à peine celui de Côte-Vertu pour le double de la superficie et le propriétaire du centre commercial permettrait que l'on ouvre le dimanche malgré la restriction inscrite au contrat de bail actuel.

— On a donné tellement de morceaux de gâteau à nos fournisseurs qu'y vont nous attendre pour le paiement de l'équipement! me chuchote une Julia très apaisante.

À entendre le jeune vendeur, on a encore l'impression qu'il faudrait dire oui immédiatement ou retourner chez nous avec la ferme conviction qu'on ne dépassera jamais l'ombre de notre petite merde. Je demande pourtant à réfléchir et je promets de donner une réponse d'ici lundi. Je veux parler du projet à mon plus vieux qui est en ce moment même sur la route du retour. Comme Marie a insisté pour accoucher au Québec, le couple arrivera dans la nuit ou tôt le lendemain.

J'ai beaucoup de difficulté à dormir avec le gros OUI qui se promène dans mon ventre. J'attends les enfants en essayant d'éteindre le nouvel incendie que ce terrible OUI allume dans ma tête. Je pense à ma mère qui aurait dit que c'est impossible que ça arrive aussi facilement. Que je ne devrais pas m'imaginer que je ferai mieux que les autres avant moi. Que c'est probablement une autre fanfaronnade et que je regretterai amèrement de m'être embarquée dans ce tango lorsque la musique arrêtera de jouer.

J'ai pourtant cherché des réponses à mes doutes, déambulant dans le froid de novembre, mais probablement pas assez longtemps. Il faudrait peut-être que je m'épuise encore une fois, que je récite dix chapelets agenouillée devant l'enfer imminent et que j'endure encore treize interminables mois de brûlure avant d'accoucher d'un nouveau restaurant? Ma mère est morte accidentellement dans le carambolage de sa voiture. J'ai dû identifier son regard terrifié à la morgue et le souvenir m'en est resté. Ça me dit au fond de moi qu'elle n'a certainement pas toujours eu raison avec ses histoires de payer son dû; avec sa façon de nous faire souffrir par anticipation. Pourquoi faut-il que je sois continuellement menacée par le lendemain?

C'est pourtant mon lendemain à moi qui mettra un terme au dilemme intérieur.

Marie, ayant voyagé toute la nuit, arrive chez sa mère les eaux brisées. Il faut faire vite pour la conduire à l'hôpital d'où Titan me téléphone vers dix heures. Je vole vers l'hôpital de Saint-Eustache, où j'arrive juste à temps pour voir une infirmière déballer, de l'autre côté de la grande vitre de la pouponnière, ce qui allait être le plus gros OUI du reste de ma vie. Devant moi, un tout petit animal gluant de six livres étire ses pattes aussitôt que la femme en blanc l'a complètement délivré de son drap de naissance. Bébé Alex a quitté ses limbes sans que sa mère ait eu trop à souffrir et j'ai maintenant l'impression qu'il me regarde à travers la vitre! La grand-maman que je deviens à cet instant a grand besoin de ses petits miaulements pour l'inciter à continuer et pour dire OUI à la plus belle raison du monde. C'est en contemplant ce petit miracle emmitouflé de bleu que me vient la merveilleuse idée de transformer mon gros merci de grand-maman en un véritable soutien à l'enfance démunie. À ma façon, j'aiderai à nourrir le plus grand nombre possible de jeunes enfants nécessiteux. D'ailleurs, quelques années plus tard, je mettrai sur pied une fondation entièrement consacrée à fournir des petits-déjeuners aux enfants qui, pour toutes sortes de raisons, arrivent à l'école le ventre vide.

42

Déjeuner Cora s'installe à Laval

Je dis OUI et le château psychédélique de Laval se transforme en chaleureuse salle à manger familiale. Je couds les nappes, les rideaux, les tabliers blancs des serveuses et même le recouvrement d'une vieille causeuse achetée d'occasion. Un ami nous offre des lattes de bois pour recouvrir la hotte de ventilation et nous apporte de chez Agripac une vingtaine de grosses boîtes à fèves vertes que nous utiliserons comme cages à poules. On tapisse les toilettes et le bas des murs de la salle en jute jaune moisson. Plusieurs clientes de Saint-Laurent sollicitent l'honneur de venir colorer les nouvelles pancartes que je dessine pour Laval. Je retrouve ma Marie, qui ne retournera plus jamais dans les États de Titan. Elle revient travailler avec moi et l'Évelyne de Côte-Vertu que nous avons volée à Julia. Nous sommes, toutes les trois, anxieuses de répéter l'exploit du premier restaurant avec, cette fois-ci, deux belles années d'expérience derrière nous. De plus, je sais maintenant qu'une totale dévotion est le fourrage le plus vitaminé du succès. Je dois remettre à plein temps ma veste de cuisinière et recommencer à tourner nos crêpes sur le grand boulevard lavallois. Nous relevons le défi avec brio! Le nouveau casse-croûte fait salle comble durant toute la première journée de l'ouverture et ne se videra jamais pendant les cinq ans que le bail nous gardera dans le petit centre commercial.

Il est euphorisant de voir la clientèle des alentours préférer notre restaurant de carton aux grosses brochetteries voisines; de voir les notaires et les avocats des édifices d'en face courir vers notre porte le midi; de voir toute la journée des voyageurs de commerce, des femmes habillées dernier cri, des serveurs d'autres restos, des huissiers, des policiers et toutes sortes de nouvelles confréries qui défilent dans le casse-croûte en quête des fameux déjeuners Cora. Fameux parce qu'on en a parlé dans un grand journal le dimanche avant l'ouverture à Laval. Une certaine Johanne Mercier a en effet, dans *La Presse* du dimanche 25 février 1990, vanté les mérites de la blonde Cora qui a ouvert un restaurant servant des déjeuners de six heures le matin à trois heures de l'après-midi, sept jours sur sept. La journaliste a parlé de notre déjeuner «sans artifices», qu'elle décrit comme étant «plutôt du style "rideaux et nappes de plastique" que grand hôtel». Elle a mentionné le décor sympathique, un peu «kitch», et les poules de toutes provenances. Elle a vanté nos menus santé composés de fruits frais et notre bonne humeur communicative. À la fin de son texte figuraient nos deux adresses.

Il est impossible de ne pas reconnaître que la providence s'est déguisée pour moi en toutes sortes d'étrangers que j'ai eu besoin de connaître. Un jeune facteur achète ma maison de Boisbriand; Angelo Machinpoulos accepte de faire affaire avec une Québécoise, le vieux fonctionnaire du palais de justice me conseille d'appeler le commerce Chez Cora, le vendeur de Saint-Hyacinthe nous propose l'équipement de l'avenir, une certaine Johanne Mercier s'occupe de nous faire de la publicité, et notre ami Bob nous fournit gratuitement le bois pour la rénovation du nouveau restaurant. Pablo, Fatima, Évelyne, Nicole et même Mary E., le marchand de café, Moumou, monsieur Pom, le pompier Marcel et tant d'autres nous vouent un attachement très sincère, et, le plus extraordinaire, une armée de policiers invisibles dirigent chaque matin la circulation en droite ligne vers nos deux établissements de déjeuners. Je ressens plus que jamais la délicate pression de l'ange qui soutient mon bras, allume devant moi lorsque la grisaille s'acharne, et me soulève lorsque pèse la terrible méfiance. J'apprends à lâcher prise, à faire confiance à l'amour et à bénir ma vie malgré la présence en moi de ce monstre d'ego qui s'apprête à devenir, chemin faisant, président-directeur général et premier chef d'orchestre d'une grande symphonie de petits déjeuners.

43

L'arrivée du rôti de porc frais

Le rôti de porc n'a jamais eu l'occasion de nous expliquer les circonstances de son arrivée sur notre menu. Est-ce ma mère du fond de ses limbes qui a voulu attirer mon attention ou est-ce en réponse au babillage du jeune notaire Chouchou installé à la table 8 du nouveau Cora Saint-Martin? Toujours est-il qu'on en demande sur le boulevard lavallois! Et Évelyne m'exhorte à ne pas déplaire à l'arène professionnelle.

— Puisque les habits bleu foncé nous ont préférés au tarama rose des brochetteries, nous nous devons, insiste-t-elle, d'apporter sur leurs tables et sous leurs nez tous les arômes avec lesquels l'enfance titille l'âge raisonnable.

Intéressée par le rôti, Julia arrive à Laval avec la ferme intention de nous convaincre, elle aussi, de servir du porc frais pour déjeuner. Elle tient à nous raconter sa propre version de l'animal, dont la grand-mère de Sainte-Adèle s'acharnait à ailler les entrailles.

Un jour, Julia avait accompagné sa grand-mère chez le bonhomme Chalifoux du rang 10, à Sainte-Adèle, et l'avait vue entrer avec le vieux boucher dans la petite chambre blanche qui servait alors de réfrigérateur au commerce. Lorsqu'elle était ressortie de cette demi-obscurité glacée, Yaya tenait dans ses mains un morceau de viande découpé dans un animal dont elle avait elle-même mesuré l'épaisseur du gras dorsal. Elle avait déposé la pièce sur un bloc de bois en forme de table et avait ensuite dirigé la lame du boucher jusqu'à ce que la chair rose foncé roule sur elle-même et accepte de se faire boudiner à l'intérieur d'une étroite gaine de lard blanchi. Le boucher avait ficelé le rôti et l'avait remis à la cliente contentée.

— Faut bien cuire les parasites du cochon, avait insisté Yaya en rapportant le morceau à la maison.

Il faut faire des entailles dans la couenne du rôti et insérer dans les minces fentes les précieuses gousses d'ail (elle en avait toujours un gros pot bien rempli sur le comptoir à côté de l'évier). Il faut ajouter du poivre en grande quantité sur le rôti, et de la poudre jaune qui, selon elle, remplace favorablement la moutarde «cheapette» de Provigo. Yaya plaçait ensuite la viande dans une vieille rôtissoire de grès verte en prenant soin d'ajouter assez d'eau pour que le cochon ne s'assèche pas en cuisant. Parce que le vilain a souvent l'habitude de durcir dans la casserole, Yaya conseillait d'effectuer la cuisson à feu doux. Cela préserve le jus et la tendreté du morceau.

Julia parle ensuite de leurs soirées à Sainte-Adèle lorsque l'arôme du rôti leur faisait gargouiller les tuyaux dans la bedaine. La grand-mère n'aurait jamais, sous aucun prétexte, tranché la viande avant qu'elle ne soit complètement refroidie. Le rôti sortait du four un peu avant les nouvelles de TVA; Yaya coulait ensuite dans un petit bol en granit bleu le jus de la cuisson qui, en figeant, deviendrait la graisse de rôti.

Le lendemain matin, on retrouvait, dans la glacière du tambour, le rôti enveloppé dans son papier brun de la boucherie. Au déjeuner, Yaya sortait le vieux couteau de l'ancêtre belge et coupait deux tranches par enfant, en gardant pour elle, en plus de sa propre portion, les grenailles de la viande quelquefois trop coriaces pour les jeunes dentitions.

Les matins de rôti de porc, c'était la fête à Sainte-Adèle. Ma mère faisait encore son pain de ménage et elle faisait toujours coïncider une nouvelle fournée avec un petit rôti.

Ici, à Laval, le notaire a le nez beaucoup plus long que les frisettes rousses de sa petite caboche en forme de poire d'Anjou. Il a le teint couleur de beurre frais et de jolis yeux bleus ressemblant aux billes des toutous géants du Miracle Mart de Duvernay. Nous l'avons surnommé le notaire Chouchou à cause d'une anecdote qu'il nous a racontée un beau matin sans électricité où il avait pu, malgré les montagnes de neige, enjamber le terre-plein du boulevard et atteindre le dernier pot de café chaud du tout nouveau casse-croûte. Une histoire dans laquelle sa propre maman lui cuisait du rôti de porcelet en cachette du grand-papa Schiller récemment retiré du cabinet d'avocats Laronde Ballenstein.

Le notaire était le chouchou du vieillard malgré le terrible accroc que représentait l'union illicite de son père, Brian Schiller, de Westmount, avec sa mère, Mandoline Tremblay, de Jonquière.

Brian et Mandoline avaient vécu du commerce des textiles importés d'Europe jusqu'à ce qu'ils héritent quatre millions de dollars d'un pionnier de l'Ungava qui avait été, à distance, le seul parent fortuné de la belle Mandoline. Ils vivent maintenant dans le luxe des pigeons exotiques, installés dans un *townhouse* de l'île Patton payé un million sonnant, stationnement inclus.

Seul héritier de l'historiette, le notaire Chouchou osa donc commander du rôti de porc dans la bourrasque. Le voilà qui réquisitionna tous les muscles de son beau visage pour que sa bouche puisse prononcer, avec toute l'émotion possible, un sublime :

— S'il vous plaît, mademoiselle Évelyne.

— En hiver seulement, que je répondis. Promettez à monsieur le notaire qu'on va lui servir du rôti de porc frais pour déjeuner comme celui que sa mère lui faisait.

— Comme le rôti de Sainte-Adèle! ajouta Julia, victorieuse.

Dès le lendemain, Évelyne téléphonait à Maurice de Délipro pour lui demander un morceau pas trop gras dans l'épaule, ficelé et recouvert de quelques tranches de lard pour l'empêcher de s'assécher à la cuisson. Un nouveau déjeuner allait s'ajouter à notre répertoire. Et bien entendu, par respect pour la magistrature, nous avons préféré appeler l'assiette le déjeuner SAINTE-ADÈLE.

Le notaire Chouchou connaît des centaines d'hommes d'affaires à Laval et il les amène tous déjeuner chez nous. Il leur présente lui-même l'assiette de rôti de porc frais servi avec des œufs ou des fèves au lard maison. Il vante la qualité de notre pain croûté, la propreté des deux grandes plaques de cuisson et l'irrésistible gâteau renversé que la patronne apporte elle-même à ses clients, le midi sur semaine.

Le notaire a raison : j'ai recommencé à faire mes fameux renversés avec une vigueur inédite. Ce deuxième restaurant, c'est comme une nouvelle terre promise pour moi, avec beaucoup plus d'espace, beaucoup plus de monde et beaucoup plus de rêves à faire aboutir.

44

On nous imite

Miss Côte-Vertu a été une bonne petite entre-
metteuse qui nous a permis de répéter devant public;
mais Saint-Martin s'avère un très bon manager
capable de nous transformer en véritables artistes.
Comme si j'étais moi-même une grande Céline
Dion, j'entends notre succès glapir sur la langue des
banlieusards médusés; je le vois de mes propres yeux
se promener au-dessus des têtes et je l'entends lorsqu'il cogne sur la mienne pour y entrer. Et, le plus
sublime, c'est que je discerne encore la manifestation
de l'ange à travers la bousculade de nos exploits.

Pendant de longs et grands moments, je me sens
unie à tout ce qui existe et, en même temps, collée
à la bonté suprême et à ses multiples bienfaits;
comme entourée de richesse, d'abondance et de
possibilités infinies.

Le nouveau restaurant nous offre tous les jours
de la vraie clientèle, du monde différent de la famille

de Côte-Vertu. Des personnages que nous ne connaissons pas arrivent si nombreux qu'il nous est impossible de leur attribuer, à chacun, un épisode dans notre histoire. Mais c'est probablement ce très subtile détachement qui va contribuer à faire de nous de véritables professionnelles.

Il y a tellement de gens à servir que nous n'avons plus le temps de commenter la présence des petits raisins secs dans la croustade aux pommes ni de picorer agréablement dans la biographie intime d'un client favori. Pourtant, personne ne semble en souffrir. Personne ne redemande une attention, un sourire particulier ou ces petits mots d'amour si nécessaires à la digestion au comptoir de Côte-Vertu.

La clientèle est ravie de notre nourriture et elle se contente de parler de nous à l'extérieur. Elle en parle tellement qu'elle se mettra elle-même à souffrir de l'étroitesse du casse-croûte où les déjeuners servis sont, paraît-il, les meilleurs jamais mangés. Sur le boulevard Saint-Martin, des centaines d'affamés nous donnent chaque jour l'occasion d'aiguiser nos spatules et de développer nos dons de magiciennes.

Des restaurateurs grecs et des patrons d'autres établissements connus s'assoient régulièrement à notre comptoir tels des écoliers à leurs pupitres. Ils surveillent les nouvelles manœuvres sur les deux grandes plaques de cuisson tout près de leurs bouilles éberluées.

C'est difficile, pour les Grecs, d'accepter cette soudaine révolution survenant dans leur propre champ d'expertise. Surtout que le chambardement a été orchestré par une quelconque ménagère et se perpétue ici, sous leurs yeux, sur le fameux boulevard lavallois jusqu'à présent réservé à leurs seules compétitions de héros olympiens.

Mais ils insistent pour regarder et restent collés au plastique du tabouret malgré le sourire des cuisinières et malgré le déploiement de la magie qu'ils n'ont pu, eux, extirper d'une omelette deux étages ou d'un vulgaire goulot de marmelade orangée. Ils ne comprennent pas comment ce petit restaurant de cartons dessinés peut détourner la foule des charpentes d'acajou à l'intérieur desquelles eux, véritables amphitryons, offrent la brochette de poulet moins cher qu'une assiette de crêpes aux bananes.

— La mère de famille ne mérite probablement pas tous les applaudissements qu'on lui destine, entonne un des voyeurs à coup de fléchettes empoisonnées. N'a-t-elle pas déjà été mariée avec un Grec ? N'a-t-elle pas déjà travaillé dans la brochetterie de Dimitri Amanatidis ?

Ce macho à la moustache un peu trop épaisse a même insinué que la gueuse parlait grec et que l'intelligence lui était tout probablement venue en furetant dans la mythologie hellène.

Malgré toutes leurs élucubrations, les allophones quittent le casse-croûte avec une leçon bien prise : le déjeuner vaut la peine qu'on s'y intéresse.

— Quelques onces de mélange à crêpes et une tranchée coûtent bien moins cher que la souvlaki, conclut l'un d'entre eux.

ffit d'engager un jeune larbin pour virer dant que le chef désossera ses calmars, omparse.

— De toute façon, avec la nouvelle popularité des patates grecques cuites au four, on a moins besoin de friteuses et on pourra coincer une plaque pour les déjeuners entre deux appareils, ajoute un troisième.

À l'unisson, ils affirment que l'urgence consiste à récupérer la clientèle en déroute le plus rapidement possible avant qu'elle ne s'habitue à fréquenter les casse-croûte.

Les braves commencent donc à servir, sur leurs belles nappes damassées, des *pancakes* aux bleuets goûtant la côtelette de veau Amalfitata; tant et si bien que bientôt la plupart des gros établissements du boulevard doivent ouvrir leurs auvents avant même que le soleil ait pu boire son premier café crème.

Le deuxième Chez Cora nous a donné des ailes et nous les utilisons pour prendre de l'avance sur tous les pseudo-festins matinaux que la compétition annonce maintenant à prix réduit. Plus la valeur de l'œuf diminue dans leur publicité tapageuse et plus nous ripostons en déposant calmement de nouvelles inventions sur la table de nos clients. Lorsque les restaurateurs avaient commencé à s'intéresser au phénomène Cora, notre petite équipe avait été très flattée du compliment implicite. Mais lorsqu'ils se mettent à nous imiter plat pour plat dans leurs menus de poulet, de spaghetti ou de brochettes, je deviens moi-même fermement convaincue de l'extraordinaire potentiel de nos déjeuners Cora.

45

Des restaurants Cora plein la tête

Quelques mois après l'ouverture du deuxième restaurant, un vendeur itinérant nous offre gratuitement des napperons sur lesquels plusieurs commerçants du voisinage annoncent leurs différentes spécialités. L'étranger déclare que je pourrais afficher sans frais mon logo au centre des napperons contre 'a seule obligation de les utiliser sur nos tables pen-
't les six prochains mois. Proposition intéressante,
's-je, en demandant au représentant si je peux
deux adresses sous le logo?
ites-moi pas, ma p'tite dame, que vous
restaurant qui marche aussi bien que
omme tout perplexe.
ntends pas et déjà, d'un œil à demi
ux petites maisons plantées sur
s d'une carte géographique
s de nettoyage à la vapeur,
le silencieux Midas, de
rembourrage dernier
'Imagino Inc. me

répond que oui c'est une bonne idée, une troisième maisonnette Cora s'apprête déjà à foncer vers la cartographie imaginaire. C'est ce jour-là en effet, au début d'avril 1990, que je ressens pour la première fois qu'une force extérieure à moi érige dans mon cerveau trois, cinq, quinze, cinquante petits restaurants Cora aussi aisément que si je les avais moi-même dessinés dans l'espace gratuit de ce monde alloué à ceux qui osent croire aux propositions des anges.

Et je désire plus que tout au monde utiliser cette nouvelle énergie créatrice, lier à elle toutes mes idées, tous mes projets et tous mes rêves; je sais d'instinct que ce nouveau levain est plus puissant que toutes les vigueurs réunies.

Puisque nous avons su reproduire l'engouement de Côte-Vertu de façon aussi spectaculaire sur le boulevard Saint-Martin, cela signifie que nous pourrons le refaire trois, quinze, cinquante et des centaines de fois, aussi souvent que nous le désirerons.

L'heure du dîner commence à s'allonger à travers le brouhaha des lève-tard dévorant nos plat d'œufs. Il faut envisager un deuxième chaudron soupe et, puisque l'argent nous le permet, l'en gement d'une cuisinière qui s'occuperait uniquem des repas du midi : un oiseau plutôt rare à tr dans la cohorte de jeunes pucelles avec lesque travaille depuis l'arrivée de Julia dans les croûte.

Mais l'animal rare vient se percher de l sur le parapet de l'interrogation le jour où

Léna Kiriakou revient de Thessalonique. Nous avions jadis travaillé ensemble chez monsieur Dimitri, mais elle avait quitté l'établissement pour suivre son chanteur d'opéra de mari auquel la patrie hellène allait enfin octroyer la pension espérée depuis dix ans. La bureaucratie grecque s'étant encore une fois fourvoyée, le couple a dû revenir au pays malgré le fatras de son installation définitive sur les rives de la mer Égée. Sans appartement et presque sans le sou, Léna aurait accepté de chanter elle-même si je le lui avais demandé. Elle avait été la comptable sans titre des entreprises de monsieur Dimitri et faisait preuve d'une minutie plutôt rare à cette époque dans notre genre d'écosystème.

Rapidement, Léna accepte de cuisiner à la condition qu'elle puisse aussi s'occuper, en après-midi, ⁀e la comptabilité de l'établissement. C'est du jamais ⁀ au comptoir, que cette femme servant le pâté ⁀s au laitier et qui, au dessert, lui «barguine» ⁀le la crème à café. Léna négocie aussi avec ⁀s de sa soupe, traitant le navet de brave ⁀ salé ou blâmant le chou de la réaction ⁀igeste qu'il provoque. Elle peut simul⁀r la fève québécoise d'être trop ⁀ américaine, trop costaude.

⁀ccupe maintenant des chiffres ⁀lissements, j'ai le loisir de ⁀ue d'un troisième casse-

⁀nue, officiant à la ⁀Vertu, une cliente ⁀lia.

46

La famille s'agrandit

Martine Latourelle travaille au service à la clientèle chez Cell Interurbain. Elle passe ses journées attachée à une console avec un fil métallique pas plus gros qu'un brin de spaghettini *al dente*. La femme en a marre depuis longtemps, mais aucune chance n'a jamais frappé assez fort pour qu'elle puisse s'ouvrir et l'accueillir. Nous avons souvent discuté, elle et moi, du temps où je cordais les fruits dans la tôle du renversé de Côte-Vertu. Martine me regardait coucher les pommes dans le sucre et affirmait m'envier, jalousant la désinvolture que l'on pouvait se permettre dans un casse-croûte et la chaleur émanant du véritable contact avec le client. Elle désirait trancher le terrible cordon qui la retenait aux quatre semaines de vacances du géant national. Mais elle n'osait pas. Et j'entends maintenant Julia raconter que Martine veut acheter le restaurant sur Côte-Vertu.

— Pour en prendre soin pendant qu'on continuera à en ouvrir d'autres, répète Julia au fond du récepteur.

L'ami de cœur de Martine vient d'hériter d'une somme assez importante et il est tout disposé à en faire profiter sa bien-aimée. Celle-ci a exprimé son désir à Tony en l'amenant déjeuner Chez Cora. Je suppose que c'est là, juste au-dessus du comptoir, que l'ange bienfaiteur a découpé la première tranche de notre avenir. Tony offre l'argent nécessaire à notre réflexion. Comme il est hors de question d'abandonner Miss Côte-Vertu à toute autre vie que celle que nous lui avons récemment insufflée, j'insiste pour que la vocation du casse-croûte demeure la même, pour que son nom, aussi, demeure le même et pour que la nourriture soit identique à celle que nous servons maintenant sur le boulevard Saint-Martin. Martine accepte de se plier à ces exigences; elle comprend l'importance de ma requête et est prête à s'engager par écrit à respecter ces quelques premiers principes de l'exploitation dite «Cora».

Est-ce véritablement la providence qui a dénoué le ruban chez Cell Interurbain, est-ce sa manœuvre qui a tiré jusqu'à ce que la réceptionniste abandonne son combiné? Est-ce le grand Manitou qui a fait s'étouffer mortellement le vieil oncle Tom dans son hospice de Pointe-au-Calumet? Ou est-ce le diable en personne qui vient, encore une fois, me faire entrevoir un clafoutis plus large que ma panse?

Ma mère aurait penché pour Satan et m'aurait annoncé que le pire était déjà en route. Heureusement qu'à l'intérieur de ma tête une main bienfaisante soutient la charpente d'un destin désormais engendré. Enflammée de joie ou enfermée dans un tragique désespoir, je suis maintenant capable, au besoin et en une fraction de seconde, de raviver la lignée imaginaire d'établissements Cora; de la secouer jusqu'à ce que chacune des maisonnettes s'articule et tombe, à l'heure propice, de ma caboche vers la vraie terre sous mes semelles.

47

Le déjeuner Récolte 90

Miss Côte-Vertu confiée à Martine Latourelle, Julia arrive à Laval telle une sirène en pleine tornade. Elle avait accepté d'emprunter personnellement les dix mille dollars nécessaires pour retaper l'établissement et maintenant elle se considère davantage chez elle que n'importe quel moineau volant au-dessus du poulailler. D'ailleurs, quatre semaines s'écoulent à peine qu'elle a déjà entrepris d'en chasser la mère couveuse. Elle a acquis, à Côte-Vertu, une parfaite maîtrise de la cuisine des déjeuners et connaît par cœur tous les repas du midi dont la clientèle raffole. Julia fait montre d'un leadership plutôt remarqué dans l'entreprise. Lorsqu'elle s'installe à la plaque, on plaisante qu'il est temps de demander un supplément pour les places au comptoir. Sous la férule de cette vedette, tout le casse-croûte devient bientôt le meilleur endroit pour voir et être vu. Le dimanche, la clientèle rajeunit à mesure que la petite aiguille avance sur le cadran. Tôt le matin, Julia porte elle-même un petit bol de gruau aux vieux couples qu'elle reconnaît toujours avec beaucoup de plaisir et, vers deux heures de l'après-midi, elle garroche des coupures de kiwi à qui a l'audace de trop s'approcher de sa spatule magique. Elle a la capacité d'être furieuse et magnanime à l'intérieur d'une même seconde; elle est indépendante et, en même temps, elle distribue généreusement, à qui en a besoin, son agréable réconfort.

Malgré mes multiples tentatives, je n'ai jamais réussi à la faire arriver à l'heure inscrite sur un horaire de travail. Cependant, autant elle a le don de m'exaspérer avec ses divergences d'opinion, autant elle réussit à m'exalter par son extraordinaire perspicacité. Julia est finalement capricieuse comme une chèvre, curieuse comme une chouette et aussi gourmande qu'une grenouille devant un festin de moucherons.

Ainsi, un matin frisquet de mars 1990, alors que nous cherchons un nouveau déjeuner pour commémorer notre arrivée sur le grand boulevard lavallois, Julia invente le délice qui obtiendra rapidement le plus de succès parmi les plats au menu.

Comme presque tous les samedis dans ce temps-là, Julia arrive au travail en retard, encore étourdie par le terrible tango qu'elle a dansé toute la nuit avec ses amis Évelyne, Maryse, Pablo, Caroline, Juan et Domingo.

Pour se soustraire à la double réprimande de sa maman-patron, ma fille se réfugie, dès son arrivée, dans la conversation animée du boulanger qui nous apporte justement les fameuses brioches à la cannelle et aux raisins que nous recherchons depuis peu. Julia empoigne une grosse brioche, la palpe et décide de la trancher en plein milieu dans le sens de la largeur. Elle trempe ensuite les deux demies obtenues dans le mélange à pain doré aromatisé et les couche délicatement sur la plaque de cuisson. Les morceaux commencent à frissonner de peur, puis, peu à peu, cédant à l'embrassade enflammée, le pain se transforme en un surprenant délice. Au moment où Julia soulève avec la spatule les deux morceaux de brioche dorés pour les faire glisser dans la grande assiette blanche, dame Gourmandise lance une fléchette magique dans l'œil de ma fille. Du coup, le regard de cette dernière pétille si fort que même monsieur Lebœuf, notre nouveau boulanger lavallois, comprend que Julia vient d'avoir une idée brillante. Lorsque celle-ci dépose un bel œuf miroir et deux tranches de bacon sur un côté de la brioche dorée, le rythme de ma respiration diminue tragiquement. La magicienne à moitié endormie se précipite ensuite au comptoir à fruits et décore l'autre demie d'une grosse montagne de fruits tailladés.

— Tiens, maman, voici ton spécial Saint-Martin!

— Bravo, ma fille! Depuis le temps que je te plante des graines dans la caboche, voici enfin une merveilleuse récolte!

D'où le nom dont nous baptisons ce plat : Récolte 90. La nouvelle invention est applaudie par l'assistance. Immédiatement offerte aux habitués du comptoir, elle devient en quelques jours la vedette incontestée des illustrations placardées au mur.

Enivrée par la popularité que lui vaut sa récente découverte, Julia insiste pour que nous fassions imprimer un vrai menu; un menu qui empêchera la clientèle de se tordre le cou en cherchant sur les murs quoi manger. Un menu qui, surtout, expliquera en détail la composition de la délicieuse RÉCOLTE 90 tout en soulignant que le plat a été composé par nulle autre que mademoiselle Julia elle-même.

Son souhait à peine exprimé, je commence aussitôt à concevoir le menu, dessinant maintenant dans ma tête trois maisonnettes entre l'extra de fromage et la galette de sarrasin servie avec mélasse.

Parce que Martine Latourelle s'habitue à nos orphelins de Côte-Vertu et parce qu'une ancienne copine de travail s'épuise à vendre des maisons dans les Basses- Laurentides, je vais encore avoir l'occasion de piocher dans la boue devant mes semelles.

48

Le troisième Cora s'en vient à pas de loup

Julia s'entend merveilleusement bien avec Léna et la considère comme une véritable tante venue vivre parmi nous. Depuis l'arrivée de celle-ci, le pâté chinois s'est lui aussi découvert une lointaine parente dans la casserole de moussaka. Certes la chair d'aubergine remplace les perles de maïs étendues sur la viande, mais l'architecture est la même et la clientèle en raffole presque autant. Des lentilles et des pois chiches flottent dans nos soupes, des rondelles de zucchini accompagnent à l'occasion la boulette du hamburger steak et une délicieuse sauce blanche aillée remplace certains jours la sauce BBQ dans l'assiette de poulet rôti du midi. Un sirop citronné imbibe le gâteau à la vanille et le pouding au riz se met à faire drôlement parler de lui. Étrangement, voilà que ces saveurs importées, déguerpies avec le mari et les malheurs depuis plus de dix ans, reviennent avec tante Léna se coller à la famille comme si elles ne s'en étaient jamais éloignées. Les clients adorent ce mélange d'odeurs et de mots empruntés qui confère à notre mystérieux dépassement du terroir une originalité pratiquement inimitable.

Julia a la curieuse manie de toujours insister pour obtenir quelque chose. C'est probablement sa façon à elle de faire passer ses commandements. Depuis quelques jours, elle a entrepris de convaincre Léna de travailler le samedi et le dimanche et de prendre congé les lundi et mardi.

— La fin de semaine, seule une gestion plus avisée de la file d'attente et du roulement des tables augmentera considérablement les dollars dans la caisse, déclare ma fille en grand professeur de gestion. Et tantine Léna est la seule à pouvoir bien le faire, proclame-t-elle, toute fière de son meilleur argument pour convaincre la comptable ambitieuse.

Julia, sans le savoir, vient d'attraper deux oiseaux avec la même idée. Elle vient aussi de m'enlever la dernière hésitation que j'avais à quitter le casse-croûte. J'allais lui dessiner un vrai menu et ensuite je pourrais repartir dans la gadoue à la recherche du fameux parking à côté duquel tomberait la troisième maisonnette Cora.

La perspective d'expansion m'exalte. Dehors, les semaines de mai s'étiolent pour permettre aux enfants de bien apprendre leurs leçons avant le mois des examens. Il fait un temps magnifique et j'ai demandé à Ismaël, le plongeur du restaurant sur Saint-Martin, de m'installer une grande table dehors, à l'arrière, dans un couloir asphalté du centre commercial où le soleil réussit à plomber. J'ai acheté chez Omer DeSerres des crayons et des feutres à la pointe biseautée avec lesquels j'ai l'intention d'immortaliser nos fameux déjeuners.

Je viens tout juste de dessiner un oiseau sur le parapet d'un grand *J* lorsqu'une étrange odeur d'épice exotique s'insinue dans mes narines. Une dénommée Martha Giroux a quitté son tabouret au comptoir après s'être plusieurs fois détrempé les amygdales au café noir; impatiente, elle a traversé, malgré la consigne, l'arrière-boutique du casse-croûte et me cache maintenant le soleil, grimpée sur des échasses d'un rouge frisant l'enfer.

Martha Giroux a été une bonne gérante de brochetterie. Elle possède un talent naturel pour le service et se vante de connaître tous les aléas de la vie de l'*homo industriosus*. Martha a été placée au pensionnat dès l'âge de trois ans par l'unique parent qu'elle ait jamais connu. Au moment de quitter l'institution et afin qu'elle ne puisse la poursuivre en pleurant, sa mère avait eu le réflexe d'asseoir la fillette sur la haute balustrade qu'avait dessinée la rampe d'un grand escalier en se retournant sur elle-même à sa base. Ainsi perchée, l'enfant avait rapidement compris qu'elle serait la seule à gouverner sa planète insolite et, à cause de cela, elle avait grandi en force et en détermination. Jeune adulte, elle avait côtoyé le bien et digéré le mal comme l'aurait fait un valeureux combattant dans sa tranchée. Martha se maria plus tard avec un riche Anglais de Baie-d'Urfé puis, après avoir maîtrisé tous les aspects de l'accommodement conjugal, elle céda à une autre les bénéfices de cette exploitation. Elle reprit ensuite le travail aux commandes de la très populaire brochetterie de monsieur Dimitri où je la rencontrai pour la première fois en 1980. En 1982, alors qu'un terrible accident d'automobile essayait de mettre fin à sa carrière professionnelle, Martha persista à s'agiter les membres dans des bains thérapeutiques jusqu'à ce qu'elle puisse à nouveau placer sa tête à la même hauteur que tout le monde. Elle surpassa ses capacités et obtint par la suite un permis l'autorisant à faire de la vente immobilière, ce qui lui permit de travailler de chez elle, à son rythme et quand bon lui semblait.

Puis le temps passa et, lorsque le cruel hiver se mit à recouvrir les terrasses de ses propriétés, la cigale déchanta amèrement. Ses clients fêtaient Noël puis attendaient le printemps en remboursant les dépenses engagées. Et lorsque les beaux petits bourgeons commençaient à précéder les feuilles sur les terre-pleins, une armée de vendeurs, comme elle fraîchement diplômés, sillonnait déjà les banlieues à la recherche des rares acheteurs qui s'y aventuraient. Lorsqu'elle réussit enfin à convaincre un particulier de lui confier la vente de son abri, Martha dut transporter de lourdes pancartes et les planter elle-même dans la terre encore à moitié gelée devant la chaumière. Il fallait faire vite parce que la saison des déménagements jouit de très peu de semaines de popularité. Lorsqu'elle trouvait un acheteur potentiel, Martha le trimbalait de gauche à droite, mais souvent, après plusieurs jours de balades dans le confort de sa voiture climatisée, il décidait de transiger avec un représentant d'une firme concurrente. Mais notre Martha continua en s'inventant ses propres campagnes de motivation. Elle fut alors capable de se comporter comme si elle était l'unique agent d'immeubles sur le continent. Encourageant les couples vendeurs et rassurant les acheteurs, elle réussit à traverser haut la main la crise immobilière de la fin de l'année 1990.

Mais le combat l'a épuisée. Et c'est sa brutale perte d'énergie qui lui rappelle que j'existe. Que j'ai fini par guérir du *burn-out* et que je tire, moi aussi, assez bien ma spatule de la récession. Martha a compris dès l'enfance que l'analyse paralyse et qu'il faut changer de route lorsque la misère commence à percuter le pare-brise. Dans sa tête, elle a tout planifié avant d'ouvrir la bouche et de me lancer :

— Qu'est-ce que tu dessines là, vieille branche ?

— Martha ! Ça fait longtemps ! Comment vas-tu ?

— Tu dessines un menu ? J'espère que tu vas pas enlever tes pancartes des murs.

— Qu'est-ce que tu deviens, Martha, depuis le temps ? Et l'immeuble ?

— Hum ! Parle-moi pas de ça, c'est fini !

Puis elle observe plus minutieusement le petit bec entrouvert de l'oiseau à demi dessiné sur le papier.

— C'est quand même assez rare, ce genre d'écriture. Je vois que t'as dessiné trois maisons dans le bas de la page du milieu. Préparerais-tu quelque chose que j'ignore ?

— C'est juste de la visualisation, mais oui j'aimerais ça ouvrir un troisième restaurant.

— Eh bien moi, je sais où tu vas le faire ! Tiens, écris l'adresse sous la troisième cabane : 19831, boulevard des Laurentides, à Vimont.

— Qu'est-ce que tu racontes, Martha? Cette rue-là est collée sur Saint-Martin.

— Pas si collée que ça, et ce que je te propose est un restaurant où tu aurais juste à repeindre et à ajouter tes affaires. C'est une brochetterie grecque qui vient de fermer. C'est peut-être un peu gros, mais pourquoi pas? On pourrait s'associer, toi et moi.

— Martha, de quoi tu parles?

— La veux-tu, ta troisième cabane, oui ou non?

— Oui!

Encore une fois, le terrible mot déboule de ma bouche et se met à sautiller dans le menu à moitié dessiné. Je le vois se vautrer dans le blanc du papier entre le bol de Corn Flakes et le déjeuner SURPRISE. Puis, soudainement, il se réfugie derrière une tranche de jambon. Le OUI se promène à travers mes inventions tel un enfant capricieux impossible à satisfaire; il en veut encore et encore, et sa parade téméraire me fera accepter d'aller voir l'emplacement.

— Peut-être que ça vaut la peine d'examiner ce restaurant.

— Absolument, pis je t'avertis, si tu décides de l'acheter, c'est moi ta partenaire!

— Martha! S'il te plaît, donne-moi le temps de réfléchir!

— L'analyse paralyse, rappelle-toi bien de ça dans tes réflexions!

Et sur ces mots, Martha disparaît. Il me reste à dessiner la page des crêpes, mais cela ne suffit plus à satisfaire le OUI. Je m'entends chuchoter :

— Oui, oui! Nous irons, un de ces jours, visiter cette fameuse brochetterie abandonnée.

49

Un ancien sultan
me conseille à l'occasion

Entre-temps, Sultan Guenille est réapparu dans ma vie. À titre d'ami, entendons-nous bien; car un homme de sa trempe ne se permettrait jamais de frayer dans des eaux aussi familières que celles des casse-croûte. Il me téléphone à l'occasion, le soir, et nous parlons pendant de longues heures des rêves magnifiques que j'essaie d'introduire dans son aquarium autoréfrigérant.

— Cora! Sois réaliste, insiste-t-il. Tu as été chanceuse jusqu'à maintenant et il faut que tu agisses prudemment. Tu ne peux pas imaginer te rendre au bout du monde quand tu débutes en bicycle à pédales. Faut que tu comprennes que tes idées sont trop audacieuses pour tes moyens. Tu gagnes ta vie! Remercie tout de suite le bon Dieu et contente-toi d'avoir la chance de procurer du travail à tes propres enfants! Tu ne connais pas le vrai monde des affaires. Tu ne sais pas encore que c'est pas bon de regarder plus haut que le rebord de son chapeau.

J'entends la voix agacée de Macrabi rebondir dans le récepteur. L'homme a jadis été, après l'époque du mari, le premier maharadjah à cogner à la porte de mon entendement et nous nous sommes fréquentés. Nous avons soupé ensemble une cinquantaine de soirs. Puis un jour, une corneille biscornue ou peut-être un ange camouflé en luette a crié du fond de son étrange cœur libanais :

— Lève tes manches, ma fille, pis travaille pour gagner ta vie. C'est sûrement pas moi qui vas te passer une nouvelle bague au doigt!

Malgré tout le bienfait futur de sa sublime déclaration, un feu de dragon venait de réduire en cendres ma toute naïve féminité.

Le pauvre Macrabi avait pourtant assisté, à distance dans son empire de dentelles, aux ravages du *burn-out*. À sa façon, il s'était inquiété de moi. Une fois, il m'avait même glissé quelques billets, discrètement, entre les pages tumultueuses du *Cœur éclaté* de Michel Tremblay. Puis nous avions espacé nos rencontres jusqu'à ce que la dernière oublie où aurait lieu la prochaine. Obéissant à sa cuisante recommandation, j'avais relevé mes manches pour ouvrir le premier Chez Cora et, deux ans plus tard, un deuxième. Et voilà que maintenant, à l'occasion, la mémoire du sultan cherche à se raccommoder une historiette pour endormir son caparaçon.

Au bout du fil, Macrabi converse avec un zombie. Il m'exhorte à abandonner l'idée d'un troisième restaurant et moi, je rêve à la couleur du vermicelle dans la soupe du lendemain.

Parfois il arrive, sans qu'il le sache, qu'une de ses réprimandes réussisse à traverser ma nuit; je me réveille en sursaut, la peur aux trousses et la tête emmurée dans la malédiction du sultan. C'est affreux. Je n'ai plus du tout l'intention d'entreprendre quoi que ce soit; je me vois, assise sur un banc crotté du carré Saint-Louis, en train d'extirper une rime d'une mine d'arbrisseau à demi rongée par le désespoir. Je tourne en rond dans mon lit, les yeux grands ouverts puisqu'aucun de mes rêves ne veut de cette angoisse. Ces matins-là, j'arrive démolie au casse-croûte. En me voyant, Léna me demande immédiatement de repartir. Elle prétexte un manque de pamplemousses ou de pain croûté à la cannelle. Elle m'envoie le plus loin possible pour donner le temps à mon ange gardien de sortir lui aussi de sa nuit.

Alors là, le Bras invisible empoigne mon cou et le serre si fort dans son coude que j'ai vraiment l'impression d'une manœuvre servant à extraire le méchant; à l'extirper de la bouche, des oreilles et de la cavité de chaque œil que le cauchemar vient tout juste de teinter d'une auréole vermillon. Puis je reviens au casse-croûte avec cinq kilos d'oranges sanguines ou une caisse de kiwis alors que nous en avons déjà. Ce n'est jamais inutile pour les enfants, car dans ces moments de souffrance les pauvres m'achèteraient la lune si elle s'avérait nécessaire à mon soulagement.

Délivrée de mes peurs, je reprends le flambeau de notre avenir. Mon troisième restaurant n'est pas né sur la carapace d'un grillon; il est apparu dans ma tête, éjecté tel un éclair de l'électricité créatrice qui

s'y trouve. Et je suis convaincue que sa forme opti-
male existe déjà quelque part, cachée dans l'ombrage
d'un bouleau. J'ai beau me promener en charrette,
comme dit si bien Sultan Guenille, l'âne reconnaît
un bon fourrage à son odeur. Ainsi, quelques jours
après avoir entrepris de dessiner notre premier menu,
je vais visiter, avec toute l'équipe, ce qui deviendra
la troisième adresse Cora.

50

Spiros Christakakis,
le restaurateur grec

Le Délice de Vimont ne ressemble à rien de ce que mon imagination aurait jamais pu concevoir. Un amas d'excroissances habitables a fini par complètement massacrer l'architecture initiale de la petite crémerie à l'origine des orgies rénovatrices de trois différents propriétaires.

L'édifice a été acheté, il y a quatre ans, par un dénommé Spiros Christakakis. Celui-ci en a fait une grande brochetterie en juxtaposant, dans le cou de l'amoncellement de constructions, une terrasse vitrée de cinquante-deux places. Il a certes grugé sur les places de stationnement, mais : «Vaut mieux avoir plus de clients à l'intérieur du restaurant que d'automobiles dans le parking», avait conclu le cerveau grec.

La brochetterie avait été achetée pour garantir l'avenir des deux jumeaux mâles de Christakakis. Tout l'intérieur a été lambrissé de magnifiques feuilles de contreplaqué brun foncé et du véritable bois de chêne a servi à recouvrir la charpente des banquettes en vinyle bleu Corfou.

En entrant dans ce palace, Julia et Évelyne ont immédiatement le goût de vomir !

— Jamais, maman ! On pourra jamais transformer ça en Cora ! déclare ma fille.

— Attends, mon petit, réplique Léna, faut avoir un peu de vision ! Laisse ta mère faire le tour du restaurant.

Je déambule dans le restaurant en essayant d'ignorer la trentaine de gros lierres en plastique dégoulinant au-dessus des tables. C'est monstrueux. Il faut tout repeindre, enlever la végétation artificielle, mettre quelques fausses fenêtres sur le mur du fond, changer le revêtement des banquettes, coudre des petites cantonnières pour la terrasse, ajouter quelques consoles pour desservir, transformer le comptoir du bar en comptoir à fruits et peut-être suspendre au-dessus une collection de vieilles passoires ou d'ustensiles. Il faudrait sans doute aussi installer du treillis par-ci, par-là pour créer des coins chaleureux et décorer les vastes rebords des fenêtres de l'entrée, puis tapisser le couloir et les murs des toilettes comme sur Saint-Martin.

— Rien qu'on n'est pas capable de faire avec les moyens du bord, pensé-je tout haut.

Bien sûr, la cuisine a besoin d'un bon nettoyage à la vapeur, mais, justement, un nouveau commerçant vante les mérites de ce procédé sur notre napperon publicitaire. Et il faudra acheter trois plaques Miraclean pour qu'on puisse servir les cent soixante-cinq clients que peut contenir le restaurant.

— Es-tu folle, maman? On exploite un casse-croûte, pas un buffet chinois!

— On a un restaurant de déjeuners, ma fille! Il va juste falloir avoir plus de monde à la plaque le dimanche.

Léna est d'accord, elle a déjà calculé que si on renouvelle trois fois les convives aux tables le dimanche, on pourra facilement servir plus de cinq cents clients.

— Yeaaa! Léna! C'est moi qui vas être responsable de la plaque, affirme Évelyne. J'aime ça quand ça bouge!

— T'as raison, Évelyne, on est capables d'en servir six cents, sept cents, des clients, toi pis moi, les deux doigts dans le nez, ajoute Julia pour clore la discussion sur l'espace.

Spiros Christakakis ignore encore s'il doit nous prendre au sérieux lorsque je lui demande :

— Combien demandez-vous, combien désirez-vous comptant, combien d'années, la balance de vente et combien allez-vous nous demander pour le loyer?

Le vieux Grec est incapable de réfléchir aussi rapidement. Il se met plutôt à divaguer en racontant à sa compatriote Léna les événements difficiles de sa vie. Puis, voyant que le soleil faiblit de l'autre côté de la fenêtre panoramique de sa luxueuse terrasse, il écourte son récit en jurant à Léna qu'il a très bien gagné sa vie dans une pizzeria du centre commercial Duvernay jusqu'à ce qu'Anthony et Costa décident de quitter tous les deux le cégep au beau milieu de leur dernière année. Ses fils l'ont convaincu, en 1985, que l'avenir de la colonie grecque de Montréal se trouvait dans les brochetteries.

Notre avenir à nous, j'en suis consciente, se trouve maintenant dans la façon dont je vais présenter la nouvelle occasion à Martha Giroux.

51

Un troisième Chez Cora naît

À force de réfléchir, j'en suis venue à conclure que je suis l'initiatrice de Chez Cora et son unique maman. Comme une vraie mère, c'est moi qui ai entendu son premier vagissement derrière la pancarte RESTAURANT À VENDRE. C'est moi qui ai pris toutes les décisions nécessaires à son égard : celle de balancer le club sandwich et son comparse le hot-dog «steamé», celle de bannir la friture de son flanc et d'échanger tout son vieil attirail de cuisine contre une belle grande plaque de cuisson. C'est encore moi qui ai foncé vers le casse-croûte dans la brume d'avant l'aurore, moi qui ai tenu tête à la critique des voyeurs et renoncé, en son nom, aux loukoums des sultans. Chez Cora a macéré dans ma caboche; ses bourgeons ont éclos dans ma tête, et le restaurant est sorti de moi comme un véritable enfant. De plus, il y a dans son entourage des anges que je vénère et dont je ne peux plus me passer. Il est clair pour moi que je ne peux pas céder ce précieux poupon et, malgré toute sa sagesse, le roi Salomon lui-même serait malvenu de trancher en deux cet embryon fascinant.

Chez Cora a longtemps trempé dans son liquide amniotique. Tous ces matins chez Rose me reviennent en tête; ces longs avant-midi d'écriture n'ont pas été inutiles puisqu'ils ont contribué à échafauder la génération du phénomène qui explose maintenant devant mes yeux. Et j'ai le droit, le devoir de me l'approprier.

J'ai lu qu'un certain docteur Kellogg inventa ses fameuses céréales en 1894 après qu'une vieille femme à qui il avait prescrit des biscottes de pain séché s'y était brisé une dent. Le docteur, obligé de payer dix dollars à sa cliente, avait par la suite rêvé qu'il inventait une nourriture floconneuse à base de céréale de maïs. Le lendemain matin, il s'était amusé à faire bouillir du blé et à en taillader la purée ainsi obtenue jusqu'à ce que, cuits au four, les copeaux deviennent la première céréale à déjeuner jamais inventée. J'ai ainsi réalisé qu'une belle découverte arrive quelquefois par un curieux chemin.

— Plus le pêcheur s'éloigne des côtes, disait grand-père Frédéric, plus sa morue est grosse.

Il faut donc plonger en plein océan pour attraper gros. Il faut sauter pour apprendre à nager, quitter le rivage réconfortant du déjà vu et oser être différent. Je dois passer par-dessus le fait que j'ai si peu d'expérience et avancer comme le brise-glaces fendant l'avenir devant son nez. Et puis, il y a ce terrible désir que j'ai de faire plaisir aux gens, de leur apporter de la joie avec le pot de confitures, de l'étonnement merveilleux enrobé dans une crêpe et du gros bonheur dans la petite coupe de fruits frais joliment coupés. Je rêve à des restaurants confortables où le client se sentira chez lui; des restaurants où il sera de mise, comme sur Côte-Vertu, de reconnaître son monde et de le sécuriser en lui offrant une nourriture abondante. Je rêve aussi de gâteries, de fleurs à l'occasion, de cerises de terre pour surprendre, d'un morceau de sucre à la crème pour chacun, de bonjours familiers et d'attentions particulières. Je désire que notre client soit entièrement comblé, qu'il nous apprécie et qu'il ait le goût de revenir aussi souvent que possible. J'insiste pour dessiner nos déjeuners sur les murs parce que je veux aussi réveiller l'enfant intérieur trop souvent endormi dans le cœur du passant; je veux amadouer ce chérubin, lui communiquer la joie que j'éprouve à le réjouir. Je souhaite que ma nourriture rende hommage au plaisir de vivre et non plus à la peur de mourir. Je souhaite que nos clients profitent eux aussi d'instants de richesse et d'abondance. Je désire surtout que le Chez Cora sorte entièrement de ma tête en emportant avec lui tout le courage nécessaire à son plein épanouissement.

Il faut expliquer à Martha Giroux que certains principes doivent être respectés dans un troisième Cora; il faut aussi lui expliquer qu'en plus des deux premiers Chez Cora, je suis aussi propriétaire de l'*idée Cora* et que nous ne pourrons pas être égales ni dans la gouverne ni dans l'actionnariat de la future entreprise.

Martha vient aux nouvelles quelques jours après notre visite chez Christakakis. Elle a entendu dire qu'une famille de jeunes Chinois a essayé d'acheter le restaurant du métèque mais qu'à la dernière minute le «deal» s'est effondré à cause du grand-père Tchu. Le vieil Asiatique amené sur les lieux, le jour de la signature, a en effet constaté qu'une rue coupait perpendiculairement le boulevard à la hauteur de l'immeuble convoité, ce qui, dans la culture asiatique traditionnelle, serait de très mauvais augure pour le succès d'un commerce.

J'ai tout de suite pensé que, les Chinois repartis, le vendeur n'aurait plus d'autre choix que d'accepter nos conditions puisque ses compatriotes grecs n'oseraient jamais acheter un restaurant fermé.

Martha a peint ses faux ongles bleu marine le jour où elle se pointe au comptoir du boulevard Saint-Martin. Elle est disposée à tout entendre pour se sortir de l'enfer immobilier. Elle comprend très bien que la formule Cora puisse avoir une valeur marchande et aussi le fait que je tienne à être l'actionnaire majoritaire du nouvel établissement.

Après avoir fait quelques calculs, nous en arrivons à la conclusion que, même au prix le plus bas, l'achat et la rénovation de la brochetterie nécessiteront encore plus d'argent que nous en avons à nous deux. Même si Christakakis accepte une grosse «balance de vente» étalée sur cinq ans, il faut tout repeindre, acheter trois plaques Miraclean flambant neuves et remplacer tous les comptoirs de cuisine par de l'acier inoxydable de qualité. On aura certainement besoin d'une troisième contribution pour retaper le transatlantique.

— À ton avis, Cora, les banques peuvent-elles nous prêter quelque chose?

— Pas besoin, les filles, j'embarque avec vous autres tout de suite! nous lance un client laveur de tapis à l'oreille sensible.

— Un tiers, un tiers, un tiers, et le tiers de Cora, c'est son concept, continue le dénommé Robert Saint-Onge.

Martha sourcille de l'œil gauche un instant puis, par peur de paralyser, accepte d'écouter la proposition de l'inconnu.

— On rédige une bonne convention entre actionnaires et l'affaire est dans la sac! déclare celui-ci en s'installant sur le tabouret à côté de Martha. Moi, j'ai l'habitude des affaires et je vais vous montrer comment avancer en business! ajoute-t-il avant même que j'aie eu le temps d'ouvrir la bouche.

— On se rencontre ce soir pour parler du projet et on fera connaissance en même temps? suggère Martha.

— D'ac. Hum... Est-ce que je peux vous inviter à souper au Pirate de Laval? demande Saint-Onge, la bouche transformée en p'tit cœur de la Saint-Valentin.

Le tango désinvolte de Robert file un peu vite à mon goût. Mais quelque chose me dit qu'il faut le suivre malgré mes savantes réflexions sur la propriété des actions. Dans ma caboche, la troisième maisonnette Cora a déjà gonflé le torse, elle s'étire de long en large pour me faire comprendre qu'elle est prête à sortir de son cocon.

Saint-Onge est plutôt du genre à sauter dans la piscine tout habillé, une mentalité étrangère à la mienne; il parle sans vraiment réfléchir et utilise à profusion une espèce de sourire irrésistible qui lui transforme la moue de singe en bénédiction papale. Nous convenons, en avalant les nouilles du Pirate, que j'entraînerai Robert à la cuisine pendant que Martha s'occupera du service et de l'accueil des clients. Ainsi, après quelques semaines, je pourrai me retirer du restaurant pour vaquer au quatrième Cora (hum...). Marché conclu!

Manque de chance, le fanfaron arrive en chemise de soie le jour de l'ouverture. Il nous déclare en riant qu'il ne s'est pas acheté un job mais «une vraie business» et qu'on peut oublier de le voir tourner des crêpettes sur la plaque.

Comme sa fameuse convention n'est toujours pas signée et l'argent, qu'il doit contribuer à la transaction, pas encore déposé dans le compte commercial de la nouvelle compagnie, je l'invite tout simplement à débarquer du trio. Notre genre de commerce n'a pas besoin de coupeur de ruban en habit de brocart et on se fout de sa «vraie business» qui ressemble déjà à un paquet d'engagements non respectés.

— Faut régler les problèmes à mesure qu'y viennent au monde, disait grand-père Frédéric, sans ça y finissent par devenir plus gros que notre capacité à les regarder en pleine face. Et faut pas se fier aux promesses des vendeurs de violons, ajoutait le patriarche.

— Y en a pourtant qui réussissent à faire le tour de la péninsule avec une seule ritournelle, chuchotait maman pour le contredire.

La vente imminente du restaurant de la Côte-Vertu me permet de remplacer moi-même la contribution de Saint-Onge et je me retrouve avec ses actions en plus des miennes. Tout probablement que la défection du beau parleur constitue une autre manœuvre providentielle pour que la famille demeure propriétaire du concept! Quoi qu'il en soit, avec l'ouverture du nouveau Cora de Vimont, Nicholas commence officiellement sa carrière de fruitier, installé en veste blanche au magnifique comptoir à fruits.

La superstition chinoise nous a été favorable. Dès la première semaine, la foule inonde l'établissement. Chez Cora triomphe maintenant du hasard des casse-croûte. On l'a logé dans un lieu beaucoup plus grand, dans un vrai restaurant avec des banquettes et un comptoir à fruits indépendant du comptoir de service. Et il se tient debout en véritable conquérant.

J'ai l'impression qu'un ange a placé une guérite en plein milieu du boulevard des Laurentides, en face du restaurant, et qu'un amiral ailé ralentit la circulation afin de permettre aux automobilistes d'admirer l'édifice aux trois lucarnes garnies de dentelles. À voir le nez des passagers matinaux se tourner vers le restaurant, on peut imaginer que la présence bénéfique leur distribue aussi des capsules d'arôme de brioche à la cannelle. Quelques stratèges ailés ayant saupoudré la chaussée de miettes de sucre caramélisé, les automobiles se font happer, tournoient sur elles-mêmes et glissent comme par enchantement dans notre parking.

52

Le déjeuner Délice de Vimont

Le déjeuner DÉLICE DE VIMONT voit le jour quelques mois après l'ouverture du troisième Cora, en l'honneur d'abord de la glorieuse saison des pommes et puis, tout naturellement, pour garder vivant le souvenir de la brochetterie de monsieur Christakakis.

Les pommes fraîchement cueillies de l'automne ont une saveur incomparable et celles de Vimont dégagent un parfum particulièrement troublant pour le grand nez de notre associée Martha.

— Nicholas! Faut que tu inventes quelque chose avec ces terribles pommes. Elles me font saliver juste à me promener devant! miaule Martha, les babines rouges rétrécies en pommette par l'effort de la supplication.

Et Nicholas, voyant toujours plus loin que la demande immédiate, ajoute aux pommes des poires et des raisins frais sans pépins. Il mélange les petits cubes de fruits avec du yogourt et des céréales puis, au grand étonnement de tout le monde, quitte soudainement son chef-d'œuvre pour grimper au grenier du restaurant par l'unique trappe située juste au-dessus de son comptoir à fruits. Martha commence à rassurer la clientèle au sujet d'un feu qui se serait prétendument déclaré à l'étage supérieur, lorsque Nicholas redescend, ébouriffé et portant sur l'épaule une étrange caisse de verrerie dépareillée. Après quelques minutes de suspense, Nicholas verse son mélange aux pommes dans une belle coupe à sundae transparente; il s'était souvenu de son existence puisqu'il avait lui-même rangé au grenier les articles inutilisables du métèque. Martha fait faire la parade du nouveau déjeuner, fière comme un paon.

Les jours suivants, en vraie pie, elle glorifie le talent du jeune fruitier, racontant aux clients comment Nicholas tranche en deux, en seulement quelques minutes, une grosse passoire de raisins frais.

— Laisse-moi, mon ami, t'apprendre quelque chose à matin. Le jeune travaille avec deux couvercles de petite chaudière à confiture. Il corde ses raisins dans un des couvercles et les recouvre avec l'autre. Puis il passe un gros couteau entre les deux et hop! une trentaine de raisins sont tranchés avec un seul coup de lame.

— Autrement on pourrait pas fournir, précise énergiquement la serveuse en chef. Le dimanche, y a plus de monde icitte qu'à l'église du quartier!

Le DÉLICE DE VIMONT sera plus tard servi dans une nouvelle coupe dite «coupe gourmande» parce que plus large, plus profonde et plus généreuse. Il sera accompagné d'un bon muffin anglais bien grillé et d'une grosse portion du meilleur miel.

53

Le déjeuner Magie

À Vimont, nous sommes estomaqués de voir les clients foncer dans le parking comme les poissons dans le filet de la pêche miraculeuse. Cette extraordinaire affluence stimule nos facultés créatrices à un point tel que le moindre caprice de Martha est maintenant transformé illico en une surprise gastronomique.

Ainsi, un peu avant Noël, alors que la majordome en talons hauts est attablée avec son ancien mari en visite à la terrasse du restaurant, Martha me hèle comme l'aurait fait la princesse Diana à travers le clic-clac des appareils photo.

— Cora! Viens rencontrer Saul, mon cher mari! Pis tant qu'à venir, me ferais-tu une surprise? J'ai pas soupé hier soir et la faim est en train de me gruger la doublure des entrailles.

— Martha, je suis en train d'écumer le ragoût de boulettes de ce midi, j'ai pas le temps de te composer un nouveau déjeuner!

Le regard de Martha glisse entre les plats énumérés dans le menu sans qu'aucun soubresaut ne réussisse à exciter son minois. Sa tête veut des fruits et son ventre, une orgie à la crème pâtissière.

— Cora! Je t'en supplie! Fais-moi une surprise!

J'adore la gourmandise de Martha, cette façon qu'elle a de s'extasier, et de ne jamais s'asseoir trop longtemps sur la même feuille de laurier. Arrivée au comptoir à fruits, je remplis moi-même une coupe transparente avec un mélange de morceaux de fruits frais; je les nappe de crème pâtissière éclaircie, puis bâtis un splendide dôme à l'aide d'autres fruits habilement coupés. La coupe ressemble à un bouquet printanier; mais la beauté ne suffira pas, je le sais trop bien, à satisfaire la réclamation alimentaire de la demanderesse. Il faut ajouter une croûte pour tremper dans la sauce. J'opte pour un bagel bien grillé, passé deux fois dans le grille-pain rotatif (comme l'exige toujours la majordome). J'ajoute ensuite une généreuse portion de fromage à la crème au pied de la coupe dans l'assiette transparente.

La charpente de fruits n'a pas le temps de se rendre à la terrasse qu'une cliente s'exclame :

— C'est magique! Dites à Cora que ses mains sont magiques!

Ça l'est, magique, et dame Martha se lève pour applaudir lorsqu'on dépose la nouvelle gourmandise sur sa table! Martha est catégorique : elle refuse qu'un nom aussi ancien que le sien soit utilisé pour nommer l'invention. Son ex-mari amusé propose alors l'appellation déjeuner MAGIE.

54

Un ange m'insuffle
le sens de la propriété

Un peu à la même époque, un étrange vice-roi ailé permet à une certaine Camille Labonté d'atteindre le centre de notre organisation. Madame Labonté désire elle aussi « faire un Cora » avec moi. Elle a officié comme gérante de restaurant toute sa vie et envie maintenant cette nouvelle formule qui lui permettrait enfin de profiter de la vie. Afin qu'elle se familiarise avec notre façon de faire et pour que nous puissions la connaître un peu mieux, je l'invite à travailler avec nous jusqu'à ce que nous trouvions un quatrième emplacement. Ravie de la proposition, madame Labonté travaille quelques mois au service et dans nos cuisines jusqu'à ce qu'un jour elle m'annonce ne plus avoir besoin de nous pour ouvrir son propre restaurant de déjeuners. Elle a trouvé un emplacement que je n'approuve pas et elle va procéder sans moi à l'ouverture de ce nouveau restaurant. Un nuage de plomb me tombe sur la tête. Nous venons de lui enseigner toutes nos recettes et elle va maintenant s'en servir pour nous faire concurrence. Qui est donc ce bel ange qui m'a laissée faire une gaffe aussi stupide, la pire jamais commise?

Une fois toutes les émotions passées, l'incident s'avère avoir été la gaffe la plus utile, puisqu'elle nous incite à transformer le sous-sol de l'établissement du boulevard Saint-Martin en cuisine préparatoire où seront désormais exécutées toutes les recettes exclusives.

L'ange vient de m'insuffler, à sa façon, le sens de la propriété. Il me fait comprendre la valeur de nos procédés et la responsabilité qui m'incombe de bien les protéger. Pour avancer dans les affaires, il faut prendre soin de ses recettes et ne pas les laisser traîner à la portée des becs des cormorans.

L'affront de madame Labonté me fait beaucoup réfléchir; il me fait prendre conscience, encore une fois, de l'extraordinaire valeur des déjeuners Cora, une recette qui englobe toutes les recettes, un concept qui vaut maintenant la peine d'être copié intégralement.

Léna gueule, elle aussi, contre la malintentionnée. Puis elle entreprend les travaux pour aménager le sous-sol sur Saint-Martin en atelier de cuisine. Elle s'y installe un petit bureau en contreplaqué entre les poches de farine d'où elle prendra, elle-même, les commandes de nos trois restaurants.

Le volume de nos affaires augmente et la comptable sans titre passe ses journées entières dans le nuage opaque s'échappant des coups de fouet dans la farine. Léna endure sa relative misère en prêchant qu'il faut maintenant économiser pour le quatrième

Cora qui, selon son chanteur d'opéra de mari, ne tardera pas à ensevelir complètement son épouse adorée.

55

Le déjeuner Cora triomphe à Vimont

En 1991, toute l'île de Montréal accourt vers le gros Cora de Vimont. On colporte que la mère poule du casse-croûte de Côte-Vertu est maintenant installée dans un énorme restaurant de banlieue et qu'il y a de la place pour tout le monde.

À Laval, on a l'impression que l'Industrie assiste à sa plus belle révolution depuis l'arrivée de la salade César sur le boulevard Saint-Martin. Plusieurs restaurateurs du voisinage viennent constater *de visu* l'extraordinaire métamorphose de l'ancienne brochetterie. C'est inimaginable, le restaurant de cent soixante-cinq places fait salle comble tous les jours et cela dépasse toute logique du métier. Avec des œufs, des crêpes et cette sorte de repas québécois du midi sans friture, Chez Cora rase le blé sous la botte du commerçant à nappe blanche. On a bien essayé de copier la formule sur le boulevard, mais il manque cette espèce de naïveté indéfinissable que le barbouillis des murs aide à camoufler.

Les mauvaises langues ont prédit que la mère Cora serait irremplaçable; d'autres ont avancé qu'une fois sortie de son établissement la maman poule verrait le plafond tomber sur ses poussins, mais voilà qu'une Martine Latourelle sur Côte-Vertu, qu'une jeune Julia sur Saint-Martin et qu'une Martha Giroux à Vimont font adroitement le travail. Elles suivent à la lettre la méthode Cora et observent les règles établies; la nourriture leur est livrée chaque jour à partir d'une petite cuisine centrale et la comptabilité des trois restaurants est acheminée chaque dimanche sur le bureau enfariné de Léna.

Martha Giroux s'est réjouie du départ de Saint-Onge parce qu'elle préfère être seule avec moi. Elle raffole de sa nouvelle aventure et elle ne s'inquiète jamais de rien tellement elle est convaincue que, lorsqu'on fait quelque chose qu'on aime, ça marche à coup sûr. Elle s'avoue fascinée par ma façon inusitée de faire de la restauration.

— Ça ressemble à rien de ce que j'ai vu depuis vingt ans! dit-elle.

Et ma «façon», c'est dessiner librement sur les murs, y accrocher des vieilles canisses d'huile d'olive remplies de marguerites, suspendre des passoires à spaghetti au-dessus de la tête des clients et ne jamais être capable de leur refuser quoi que ce soit. C'est traiter les employés comme mes propres enfants et surtout ne rien laisser au hasard en écoutant la moindre petite chose. C'est attacher autant d'importance au bec jaune d'un oiseau de carton qu'au regard bleu d'un garnement à deux pattes; c'est tenir compte du soupir exaspéré du livreur et de la moue de Martha, habituellement dissimulée derrière une exclamation de surprise.

Mon associée est ravie. Pour elle, Chez Cora est un éblouissement. Chaque détail la séduit, comme les lapins blancs étendus sur la corde à linge qui traverse la terrasse ou l'ourson embusqué dans une grosse boîte de biscuits Oreo vide. Jamais elle ne discutera la pertinence de mes inventions puisque tous mes personnages l'amusent.

Déjeuner Cora ayant la particularité d'attirer les foules, Martha jubile. Quel bonheur que tous ces gens qui arrivent chez elle sans qu'elle ait eu à les solliciter, sans qu'elle ait à planter des pancartes, le seul effort à fournir étant celui d'être enchantée de les accueillir. Toutes ces personnes, en cherchant la fameuse assiette de crêpes, apprennent à découvrir la reine de céans, à la connaître et à l'aimer. Finalement, c'est l'amour des autres que Martha recherche dans l'aventure, et Déjeuner Cora le lui offrira abondamment pendant toutes les années qu'elle passera à son service.

56

Le déjeuner Midi Dolorès

Un samedi matin, à Vimont, une urgentologue de la Cité de la santé demande à son amie Martha «autre chose que du déjeuner».

— Une soupe d'hier et un sandwich à n'importe quoi! crie la patronne dans l'encadrement de la porte de la cuisine.

Dans le frigo, un restant de macaroni chinois ne me semble pas convenir à une aussi utile corpulence. Heureusement que quelques œufs à la coque marqués d'un gros *C* (comme le faisait la tante Olivette du temps où elle nous gardait) stimulent immédiatement mon inspiration. En un rien de temps, un gros sandwich à la salade aux œufs sort de sous la lame de mon couteau. Il faut bien asseoir, dans l'assiette en vitre, chacun des deux morceaux du sandwich de façon que la garniture attire en premier l'approbation de la cliente.

Lorsqu'il est servi avec quelques morceaux de fruits de saison, le plat mérite de passer à l'histoire. Mais comme je déteste la maladie et que tout le personnel le sait, il est hors de question que l'interrogation quant à un nom pour le désigner se tourne vers le toit d'un hôpital. La nouvelle création flotte donc quelque temps sans titre, jusqu'au jour où la vraie mère de Martha arrive au restaurant pour la première fois.

Dolorès a profité d'un voyage à Trois-Rivières pour filer jusqu'à Laval par l'autoroute 40. Enfilant sa frimousse dans le long couloir d'accueil du nouveau Cora, la sexagénaire veut surprendre sa petite Martha.

— Coucou! C'est maman! Coucou, Mati chérie.

— Môman! s'exclame Martha en reniflant le profil aillé de sa mère. Môman, c'est vous en personne! Venez que je vous fasse visiter mon nouveau restaurant!

Et le tour du propriétaire dure deux longues heures pendant lesquelles Martha et sa maman rattrapent les dix mois d'arrérages que le nouveau commerce a malencontreusement coincés entre mère et fille.

— Martha, s'écrie soudainement maman Dolorès, pourquoi est-ce que ton nom est pas écrit dans le menu?

Martha est incapable de lui avouer qu'elle déteste son nom et que la pire chose serait de le voir tous les jours.

— Parce qu'on t'attendait pour utiliser le tien à la place du mien; juste pour te faire plaisir, môman chérie!

Lorsque l'honneur déboule sur l'épaulette de la sexagénaire, le corps de celle-ci s'enfonce dans le plastique de la banquette. En quelques secondes, le blanc beurre de sa figure devient rose framboise. Encore une fois, Déjeuner Cora vient de donner un p'tit coup de baguette magique. Le sandwich à la salade aux œufs sur-le-champ est baptisé MIDI DOLORÈS. L'épanouissement du plaisir de Dolorès est encore aujourd'hui bruyant à mes oreilles.

57

Un premier menu est enfin dessiné

J'ai dessiné un menu fantaisiste pour Julia sur une grande feuille blanche pliée en trois comme un grand *Z* ayant rabattu ses deux pattes vers son tronc. C'est notre premier menu et les clients en sont ravis, malgré quelques grabuges d'encre noire occasionnés par les mots empiétant les uns sur les autres.

— Miam-miam! s'exclament les gourmands devant les nouvelles crêpes Quatro aux quatre fruits et aux quatre saveurs rôties qui s'échappent de la pâte des crespelles bedonnantes.

Julia aussi est très satisfaite puisque son déjeuner Récolte 90 occupe le plus grand espace alloué à une histoire de plat sur le menu. J'ai même osé inventer le mot «paindoréssimo» pour mieux décrire le résultat du trempage des deux demies de la grosse brioche dans le mélange d'œufs aromatisé à la vanille. Un peu plus tard, madame Labonté aura le culot d'utiliser ce mot inventé de toutes pièces pour nommer, elle aussi, le pain doré dans son menu.

L'utilisation du nouveau menu doit débuter simultanément dans les trois Cora. La veille du jour *M*, nous réunissons au comptoir du boulevard Saint-Martin tous les employés des trois restaurants afin de leur expliquer, avec coups de spatule à l'appui, les nouveautés ainsi que les ajustements nécessaires. La même soirée, toutes les pancartes sur les murs des trois Cora sont amputées des prix reliés à chaque déjeuner. J'ai dessiné, à profusion, des petites abeilles striées de noir et de jolis papillons turquoise que l'on pique par-dessus les trous des agrafes enlevées avec le retrait des prix. Ainsi, du jour au lendemain, sans que personne s'en aperçoive vraiment, une nuée d'abeilles et de papillons augmente de plus de cinq pour cent l'argent dans la caisse de chacun des trois établissements. Le nombre de clients et leurs gargouillis de satisfaction augmentent eux aussi. Tout le monde parle des souris dessinées dans le fromage, du gruau à l'ancienne et des trois saucisses enrobées de cheddar et cachées dans des galettes de sarrasin. On a remarqué le DÉJEUNER 88, l'AVRIL 89 et la RÉCOLTE 90. Et cela en rassure plusieurs de constater que la mère Cora a tout de même une certaine suite dans les idées.

— *Wow!* s'exclame une étrangère, la patronne a eu la gentillesse de remercier ses fournisseurs!

J'ai aussi tracé trois petites maisons à l'endroit où figurent les adresses des trois Cora et, en dessous de celles-ci, un nid vide attendant sa nouvelle couvée. Le message est passé.

58

Peter Papathanassopoulos,
le *smoked meat man*

Le message passe et repasse dans ma tête pendant que je fais rôtir les pains dorés dans la cuisine de Vimont. Nous n'avons pas réussi à injecter assez de vanille dans le sang du laveur de tapis pour en faire un cuisinier; j'assume donc, à sa place, la vigie des poêlons pendant que Martha s'occupe du flot de clientèle.

Sur Saint-Martin, Léna radote son histoire du noyau connaissant qui s'est déjà scindé trois fois depuis le début!

— Blablabla! que je lui répète en refusant d'accepter une barrière.

D'ailleurs, au sujet des noyaux, je lirai quelque cinq ans plus tard une merveilleuse phrase qui m'est restée gravée dans la caboche : «On peut toujours compter le nombre de noyaux dans une pomme, mais on ne pourra jamais connaître le nombre de pommes dans un noyau.» Je comprendrai aussi, beaucoup plus tard, que la lourdeur de mon noyau venait du fait qu'il contenait un verger!

Nous avons encore besoin de recrues puisque chaque petit lundi à Vimont représente un dimanche sur Côte-Vertu. En plus des milliers de dollars non budgétisés pour Léna, cet achalandage continuel amène avec lui une légère inquiétude pour l'entrepreneur que je deviens. Comment diable pourrais-je planifier un quatrième Cora avec cette terrible obligation de servir plus de trois cents déjeuners chaque matin sur semaine à Vimont? Nous avons pourtant réussi à intéresser trois nouveaux cuisiniers mais, à la dernière minute, ils ont tous préféré soit Pacini, soit un ancien travail à la brasserie ou la cafétéria Kraft à Saint-Laurent. Puisque nous servons trois fois plus de repas à l'heure qu'une cuisine commerciale ordinaire, nous concluons qu'il va falloir augmenter le salaire horaire; nous ne pouvons pas traiter les employés comme s'ils enfilaient deux brochettes à la demi-heure. Il faudra aussi être cinq et dix fois plus gentil qu'un autre employeur pour qu'un bon cuisinier ait raison d'endurer le va-et-vient continuel et de nous préférer aux autres établissements.

L'ange aiguise nos connaissances en ressources humaines; il a semé les premières réflexions au cœur même de l'abondance euphorique des premiers mois à Vimont et il a manigancé pour que je sois au centre des difficultés de recrutement. Comment pourrais-je rêver à ma traînée de maisonnettes Cora sans personnel compétent? Je ne pourrai pas être partout à la fois. Et je refuse de renoncer. Il faut trouver des solutions.

— Une méthode de formation en cuisine, suggère le jeune Nicholas. On doit planifier un nouveau

restaurant comme une entité complètement autonome, sans maman aux plaques, sans Évelyne, ni
Marie, ni Julia, ni Léna nulle part.

— Il faudra concevoir une équipe entièrement
formée et qui sera capable de fonctionner en appli-
quant notre système d'exploitation, répond Julia en
gestionnaire aguerrie.

Ce défi devient l'urgence du jour. L'ange, cependant, décide qu'il est temps de passer à l'action
malgré nos réflexions à moitié mûries. Il a chuchoté
dans l'oreille d'un certain Papathanassopoulos qu'il
existe quelqu'un pouvant probablement le sortir
d'embarras.

Malgré ses cinq mois de loyer en retard, malgré
la banque criarde et malgré la clientèle en déroute,
Peter Papathanassopoulos espère encore trouver un
acheteur pour son délicatessen de deux mille huit
cents pieds carrés situé sur le boulevard Labelle, à
Chomedey.

Il s'agit d'un beau restaurant avec cuisine
ouverte et banquettes de chêne construit deux ans
plus tôt et qui n'a jamais vraiment gagné la faveur
du public. Il n'est pas rare que de magnifiques
établissements ouvrent leurs portes pour friser la
faillite après seulement quelques mois parce qu'il
leur manque un élément pas toujours évident à dé-
celer. En l'occurrence, à Chomedey, le restaurant
manque tragiquement de bonne parenté. Depuis sa
naissance, le pauvre avorton est ballotté d'un cousin
à l'autre parce que aucun des actionnaires n'a les
reins assez solides pour en assumer les garanties
légales. La survie du commerce en est rendue à

dépendre uniquement de la tolérance de bailleurs faisant face à une quatrième fermeture d'établissement dans leur centre commercial.

L'ange a chuchoté dans l'oreille de Peter qu'ici même, à Laval, un groupe de bonnes femmes vient tout juste de réanimer la brochetterie de Christakakis et que s'il étirait suffisamment le cou vers l'est il verrait le parking débordant du gros Déjeuner Cora.

Peter Papathanassopoulos assume le rôle de *pater familias* depuis son arrivée au Canada en 1959. Il a lavé les mourants du Jewish General Hospital pendant cinq ans avant de devenir trancheur de *smoked meat* au fameux Bob's Deli du centre-ville de Montréal. Un certain monsieur Shear avait remarqué la délicatesse de l'infirmier lorsque celui-ci avait soulevé le flanc du pauvre cousin Jacob ; monsieur Shear n'avait pas pu communiquer avec l'étranger, mais lui avait remis sa carte professionnelle en signe de remerciement. Marven Shear a eu le temps de devenir le grand patron du délicatessen lorsque Peter se présente chez Bob's avec ses papiers de cessation d'emploi du géant hospitalier. Pour un dollar de plus qu'à l'hôpital, Peter entame sa carrière en restauration aux commandes des quatre grosses friteuses de l'établissement. Il doit éplucher huit poches de patates Golden Russets du Nouveau-Brunswick entre six et neuf heures du matin, puis les laver à grande eau, les passer une par une au trancheur manuel cloué sur une table de bois et blanchir les vingt-quatre bacs de bâtonnets ainsi obtenus avant onze heures quinze, heure à laquelle il a le droit

251

d'enfiler une soupe du jour et un sandwich préparé avec la charcuterie allouée au personnel. Puis Peter change son tablier de bord, coiffe un petit bonnet de cuisinier parfaitement blanc et va prendre son poste aux friteuses, à l'avant. Peter a bien appris les mots essentiels à la survie :

— *Thank you Mr. Shear, no problem, yes, any time, yes I like your cheese cake.* (Merci, monsieur Shear; pas de problème; oui, n'importe quand; oui, j'aime votre gâteau au fromage.)

Vers cinq heures de l'après-midi, après plusieurs centaines de commandes de frites, Peter doit filtrer l'huile bouillante de ses quatre engins et laver tous ses bacs huileux pour le lendemain; à cinq heures vingt, avant le rush du souper, on lui permet une mince tranche du gâteau au fromage invendu de la veille. Peter termine sa journée à sept heures du soir, confiant son poste à un compatriote originaire de Kastoria.

Monsieur Shear se montre satisfait du travail de Peter et, après vingt-six mois de loyale friture, il lui fait comprendre qu'il l'a choisi, lui, au chevet du cousin Jacob pour manipuler ses précieux flancs de bœuf fumé.

Ainsi promu au comptoir principal, Peter tranche du *smoked meat* pendant vingt-deux ans chez Bob's avant de ressentir l'urgence de prouver à sa tribu qu'il réussirait, lui aussi, en restauration. Il lui faut, pour réunir l'argent nécessaire, s'associer à deux lointains cousins fraîchement débarqués d'Athènes et à son beau-frère Stravros, pour solidifier les liens ou tout simplement parce que le contraire aurait été impensable.

Une fois en poste, les Athéniens refusent de laver la vaisselle et le beau-frère, plus âgé que Peter, se cramponne naturellement à la caisse. Un trancheur à *smoked meat* automatique a été acheté et, à chaque commande, on peut entendre crisser la viande du flanc presque aussi sournoisement que le mécontentement des associés allophones. Le pauvre Peter court maintenant d'une extrémité à l'autre du commerce en essayant de garder la face et la paix. Comme il est le seul à avoir de l'expérience, il doit mariner le chou, dégraisser les soupes, apprêter la dinde à club sandwich, huiler le trancheur, superviser le service, faire les comptes, se battre avec les fournisseurs, négocier avec la banque et s'humilier devant le bailleur.

Lorsqu'il se présente à Vimont, encore parfumé aux épices de chez Bob's, l'homme a diminué de moitié, comme un flanc d'animal trop lessivé. Peter demande à me parler et Martha lui répond nonchalamment qu'on n'a besoin de personne dans la cuisine. Heureusement que le Grec trouve la force d'insister. Parce qu'il me parle d'un magnifique restaurant à vendre pas très loin du nôtre. Un restaurant bien construit, presque neuf, avec une cuisine ouverte comme dans mes autres Cora. Certes, l'établissement est un peu mal situé, dans une un centre commercial à moitié vide et terriblement éloigné de la rue, mais il me faut bien quelques arguments pour en faire baisser le prix.

La tragédie de Peter me tire les larmes des yeux, mais, à la hauteur de son Déli, le boulevard Labelle n'est plus qu'une immense cour à voitures d'occasion. Des vendeurs de bagnoles et des revendeurs d'aventures, des ateliers de mécanique et des couloirs à lavage semi-automatisés nous forcent à rester dans le parking du délicatessen plusieurs semaines, à réfléchir. Cela dure le temps nécessaire au bailleur pour ramollir ses exigences au pied carré et à mes deux garçons pour emprunter personnellement les quelques milliers de dollars qui serviront à compléter le paiement initial du restaurant.

Peter Papathanassopoulos a tranché du *smoked meat* pendant vingt-quatre ans sans verser une seule larme, mais il pleure, ce dernier matin sur le boulevard Labelle, en coupant le maigre cordon de l'unique rêve qu'il ait jamais tenté de réaliser. Il insiste pour garder son trancheur automatique et le distributeur à papier brun qui lui servira à envelopper autre part ses précieux sandwiches.

Je pleure, moi aussi, le matin de la signature; de peine, de peur et de joie.

— Faut rénover assez vite pour ne pas laisser les commerçants du centre commercial trop longtemps sans repas du midi, déclare la lucide Julia.

— Faut surtout scinder encore une fois le noyau et bâtir immédiatement une équipe autonome, ajoute la pragmatique Léna.

Le géant immobilier insiste pour que j'endosse personnellement le bail et cette exigence me fait prendre conscience que ma petite personne prend de la valeur. Une autre prise de conscience concerne notre décision de fermer à trois heures de l'après-midi. Jusque-là, nous l'avions fait sans réfléchir, avec un réflexe de casse-croûte. Mais ici, en plein milieu d'un centre commercial avec un gros Super C et une pharmacie Jean Coutu, l'affluence de clientèle n'a pas d'heure précise et, le premier jeudi après l'ouverture, nous constatons qu'au milieu de l'après-midi on est encore en pleine activité commerciale. Tout le personnel hésite quelques minutes puis, quittant son comptoir à fruits, Nicholas s'empare de la clé et va fermer la porte. Il vient de prendre sa première décision importante pour l'entreprise : notre restaurant en sera un de déjeuners, point final.

59

L'expansion continue

Sur le boulevard Labelle, le mois de septembre 1991 fait croire aux rares enfants qui s'y trouvent que la vie est plus belle à l'école, mais, à l'intérieur de ma tête, des centaines de lutins biscornus tirent la langue. Peter m'a pourtant avertie de ne pas fermer à quinze heures.

— Faut prendre tout ce qui passe quand on fait ce foutu métier, avait déclaré le métèque en emballant son trancheur.

Son ancien patron, monsieur Shear, le lui répétait tous les jours :

— *We must brake eggs in the morning, serve our ruben sandwich at lunch and never refuse to make a pizzaghetti in the evening.* (On doit servir des œufs le matin, nos sandwiches à la charcuterie le midi et ne jamais refuser de faire une pizzaghetti en soirée.)

— Tu peux pas te permettre d'avoir une opinion, madame Cora. Parce que vous allez, vous aussi, tout perdre dans pas grand temps. Pis si tu me crois pas, va voir dans notre congélateur, y a encore des scampis. Les clients en voulaient le samedi soir, et quand j'en ai finalement offert sur le menu, ils ont commencé à me demander des escalopes de poulet parmigiana!

Stimulé par les propos de Peter, le chef de la cohorte noire décide que l'heure est venue d'abattre mon ange gardien. À l'intérieur de ma tête, j'assiste donc au combat des esprits contradictoires.

— Orgueilleuse, penses-tu vraiment que tu peux faire mieux que tous ceux qui sont passés avant toi? me lance le plus repoussant des lutins.

— As-tu bien réfléchi au montant du loyer? demande ensuite un comparse. Est-ce que tu penses que tu vas faire assez de profit? Est-ce que tu crois que tu vas avoir assez d'argent? Dis-moi, est-ce qu'un loyer comme celui-ci se paie avec des coquilles d'œufs et en travaillant juste des demi-journées?

— As-tu pensé à l'emplacement loin de la rue? ajoute un autre damné aussi laid. As-tu pensé au manque de visibilité, au manque de clientèle québécoise dans les environs? C'est pas suffisant d'avoir eu une bonne idée; c'est pas suffisant d'être gentil en affaires.

— Oui, vous avez été chanceuses jusqu'à maintenant, mais faudrait pas ambitionner sur le pain béni! déclare un sombre acolyte.

J'ai encore l'impression d'entendre la voix de ma mère. Comme si un fantôme téléguidé me relançait son discours favori:

— Cora! C'est pas aussi facile que tu le penses. Faut gagner sa vie à la sueur de son front, l'aurais-tu oublié? C'est écrit dans les Saintes Écritures. Arrête de penser qu'y en a assez pour tout le monde ici-bas. Parce que c'est pas vrai. Pis nous autres, tu le sais, on est pas chanceux. Faut que tu le comprennes et que tu arrêtes de te croire plus intelligente que les autres. Le bon Dieu aime pas les orgueilleuses. Écoute-moi donc pour une fois, pis contente-toi de ton sort. Arrête de braver la chance! Sinon le Seigneur va te punir pis tu vas tout perdre. Arrête-toi, tout de suite. Fais-le pour moi qui ai les mains couvertes d'eczéma. Crois-moi, Cora, c'est pas nous autres qui menons ici-bas.

— Mais, maman..., que je réponds à la cohorte accusatrice. Je travaille sept jours sur sept depuis cinq ans; je prends des risques. J'oblige mes enfants à se priver de tout, et le plus horrible c'est que je suis hantée en permanence par cette terrible incertitude : qu'est-ce qui me manque pour réussir, maman? Qu'est-ce qui te fait dire que c'est pas pour moi, la réussite? Je suis presque certaine que Dieu m'aime et qu'il veut mon bien. Je sais qu'il ne me laissera pas tomber. Ses anges me protègent, j'en suis convaincue. Je les vois, je les sens, je les entends me chuchoter des réponses lorsque j'en ai besoin.

L'organisation du quatrième commerce a grugé ma réserve d'énergie et déléguer devient automatiquement plus facile.

— Faut faire confiance aux autres, aux plus jeunes et à tes propres enfants, me chuchote un bon ange en défiant les rictus du Malin.

Frais peint et décoré de ses magnifiques pancartes, le Cora du boulevard Labelle devient un très bel établissement et une nouvelle clientèle s'empresse d'en envahir les banquettes orange brûlé.

Sur Saint-Martin, Léna marmotte qu'il faut agrandir l'espace habitable du sous-sol et installer un deuxième panneau de contreplaqué pour m'en faire un vrai bureau. Avec quatre points de vente, il nous faut une certaine organisation, une planification minutieuse et un véritable système comptable de restauration que nous procurera une firme spécialisée qu'elle a dénichée parmi les mangeurs de pâté chinois du comptoir. Chaque commerce ayant été incorporé séparément, lorsque le restaurant de Vimont emprunte une caisse de bacon à celui du boulevard Labelle, il doit la lui remettre dans les trois jours. Léna est au garde-à-vous et pas un seul seau de margarine ne peut être cédé à une compagnie affiliée sans que le lieutenant Léna en connaisse le pourquoi.

Je compose les mêmes menus du midi pour les quatre restaurants et chaque responsable de cuisine fait, à sa guise, une bonne soupe et un dessert du jour.

J'ai réussi à ouvrir le Cora du boulevard Labelle sans passer une seule journée en cuisine. Nous avons formé, dès le début, une équipe sous la responsabilité d'une serveuse en chef promue gérante d'établissement. Je peux donc beaucoup plus facilement me consacrer à la supervision de l'ensemble. Je travaille au sous-sol avec Léna. Nous évaluons le rendement des établissements à partir des feuilles de rapports hebdomadaires que j'ai moi-même conçues.

Sans m'en rendre compte, et je ne le comprendrai que quelques années plus tard, j'ai moi-même établi les bases d'un réseau à succursales multiples. On arrive à tout contrôler à distance et à nous assurer que le client retrouve, dans les quatre Cora, la même qualité de nourriture et de service.

Imaginez-moi, la mère la moins disciplinée du monde, l'artiste qui ne peut écrire un seul mot sans l'enjoliver d'au moins trois ou quatre paysages différents, moi, en chair et en os, j'insiste maintenant pour qu'une façon bien précise de faire les choses soit suivie à la lettre. *Wow!*

J'élabore au fur et à mesure que nous progressons tous les formulaires nécessaires à nos méthodes de travail : feuilles d'horaires, rapports de ventes, feuilles de statistiques, questionnaires d'évaluation du personnel, formulaires d'emploi, et une feuille avec l'exigence « Dessiner un arbre ».

L'arbre, je l'avais lu quelque part, symbolise la vie. Et lorsqu'on demande à quelqu'un d'en dessiner un, c'est de sa façon de voir les choses qu'il nous instruit. Nous avons expérimenté des centaines de fois les racines profondes des convictions, la générosité des petits oiseaux gazouillant sur une branche et le positivisme des fruits en abondance; le ciel bleu clair gage de joie, l'emplacement de l'arbre sur la feuille révélant les trouillards ou les valeureux; les clôtures, les serpents dans les branches, un petit lac à l'horizon et parfois, chez les plus entreprenants, un tracteur ou une plate-forme pour ramasser la récolte.

Depuis que j'ai troqué la plaque chauffante contre le contreplaqué glacial de l'administration, je me préoccupe d'un autre genre de compétence. Je me renseigne maintenant sur la gestion d'entreprise; sur comment planifier ses objectifs et où puiser l'information nécessaire pour avancer. Mes soirées à la table basse du salon ressemblent à une session universitaire. Je transcris des préceptes partout, dans des cahiers, sur des bloc-notes et, à l'occasion, un mot clé au fond d'une paume. Plus j'étudie et plus la concentration devient facile et gourmande. Aussi disciplinée qu'un chat poursuivant une souris, je suis décidée à tout faire, à tout apprendre et à tout entreprendre pour que les maisonnettes Cora descendent de ma tête et s'animent devant mes yeux.

Quant au diable, il se débat avec autant de vigueur à travers les calligraphies de mes futures constructions! Il campe de grandes journées dans mon crâne, sabotant le calme et déchirant un à un les petits rubans de joie avec lesquels le succès essaie de m'emballer!

Ce Malin réussit quelquefois à m'effrayer totalement et à me faire croire que je suis la seule victime de ses machinations. La peur d'apeurer mon entourage m'empêche d'en parler. À plusieurs reprises, ce satané démon parvient à me convaincre que le succès ne durera pas; qu'un huissier se présentera demain avec nos factures d'équipement impayées, que l'engouement actuel pour le Déjeuner Cora est très temporaire et que les gens finiront par retourner à leurs anciennes habitudes.

Satan insinue que Le Cora de Vimont est trop gros, que madame Labonté est meilleure que nous, que Julia ne reviendra jamais de son voyage au Mexique ou que notre fameux notaire Chouchou est sur le point de mourir, empoisonné par une tartine de cretons. Lorsqu'il réussit à capter mon attention, ce récital destructeur n'arrête pas. La grosse crêpe aux fraises se dégonfle dans l'assiette; on déteste l'omelette DIX ÉTAGES, et quelle fanfaronnade que de prétendre faire manger des fruits aux gens le matin.

— Beurk! Des épinards dans une crêpe, les Québécois aimeront jamais ça, répète un lutin diabolique.

J'apprends pourtant à vivre malgré toutes ces idées tordues que le Malin souffle à ceux qui osent entreprendre. Les crêpes sont savoureuses et d'autres journalistes ont commenté nos excellents déjeuners dans les grands quotidiens. Nous avons formé plusieurs cuisiniers à la délicate mission des œufs et le système d'exploitation se perfectionne au fur et à mesure que nous avançons. Au comptoir à fruits du boulevard Labelle, Nicholas a même entrepris de rédiger un premier répertoire explicatif des différents plats de fruits avec dessins et destiné aux futurs «fruitiers» de la chaîne. Les cartes du midi sont maintenant composées à l'avance et envoyées aux établissements avec une lettre d'explications pour chaque assiette.

Fin 1991, je dois finalement admettre que les Québécois raffolent de nos déjeuners et que la planète Terre est favorable à l'expansion du Déjeuner Cora.

D'ailleurs, en 1992 un gros soleil Cora s'installera dans le paysage de quatre autres banlieues de la région montréalaise : à Rosemère, à Terrebonne, à Brossard et à Saint-Eustache. Au début de l'année suivante, le succès flagrant de nos établissements confirme qu'avec les déjeuners Cora un nouveau concept de restauration est finalement sorti des champs de choux de ma tête. Et le reste de mon corps se transforme peu à peu en centrale atomique devant coordonner la précieuse désintégration du fameux noyau connaissant. Il va sans dire que mon intention fougueuse n'a d'autre choix que d'exploser magistralement en une succession de rôles pour lesquels je n'ai, encore une fois, aucune aptitude particulière.

60

Une franchise Cora, vous dites?

Un beau matin, une très jolie jeune fille se présente au sous-sol sur Saint-Martin accompagnée d'un ingénieur marocain au chômage. La belle désire avoir «un Cora»!

— Un Cora? On peut en parler, mademoiselle. Comment vous appelez-vous?

— On veut un Cora tout à Sophie! déclare l'accompagnateur au crâne rasé de près.

— Je ne veux pas être associée avec vous, madame. Je suis capable de construire un restaurant! Je veux une franchise, s'empresse d'enfiler la jeune patronne.

— Une franchise? Jeune fille, je ne comprends pas ce que vous voulez!

— Je veux une franchise Cora à Pointe-Claire. C'est là que je demeure et je suis certaine que vos déjeuners vont plaire aux anglophones du West Island.

— Une minute, mademoiselle! C'est quoi, une «franchise»?

— C'est comme un McDonald's, répond l'ingénieur savant. On est propriétaire du restaurant et vous, madame, vous êtes le franchiseur!

— Le franchiseur?

— Oui, madame, vous me surveillez et je fais exactement comme dans vos autres Cora!

— Je… hum… je vais y penser. Je dois réfléchir à tout cela, mademoiselle, et me renseigner surtout; je vous ferai signe quand je serai prête à vous en parler.

Je dévore l'étagère au complet des livres sur le franchisage de la bibliothèque des Hautes Études commerciales avant même de commencer à réfléchir à la demande de mademoiselle Sophie. Et, à ma grande surprise, je découvre que la jeune fille a raison : je suis un candidat idéal pour devenir franchiseur. Le concept Cora répond à pratiquement tous les critères décrits par maître Gagnon, l'auteur du plus gros bouquin en la matière.

Déjeuner Cora constitue une idée nouvelle, différente de tout ce qui existe déjà dans le domaine de la restauration, prônant une meilleure façon de faire les choses et offrant à la clientèle une multitude de nouveaux produits. Un de ses attraits, quasi universel, est de répondre au besoin fondamental des gens, de toutes les couches de la société, de manger, ici comme partout dans le monde. Le «concept» offre aussi de multiples possibilités d'expansion, tant pour un futur franchiseur entreprenant comme moi que pour un franchisé désirant acquérir plusieurs établissements. Notre mode de fonctionnement est relativement simple et peut facilement s'apprendre. Ne l'avons-nous pas démontré à plusieurs reprises en formant des équipes indépendantes?

Les seules contraintes légales auxquelles doit se soumettre un établissement Cora sont celles qui concernent les normes d'hygiène et de salubrité dans l'industrie de la restauration. Comme il y en a déjà huit exemplaires, il est très facile de démontrer la rentabilité d'un restaurant Cora et, encore plus important, il nous est d'ores et déjà possible de définir et de mesurer les causes de notre succès. Déjeuner Cora est très attirant pour un futur franchisé en raison de la qualité des produits, des techniques d'exploitation déjà éprouvées et des recettes approuvées d'emblée par la clientèle. Aussi très alléchantes sont les heures de travail restreintes qui assurent une meilleure qualité de vie, aussi bien pour les employés que pour nos partenaires, les patrons.

Finalement, le projet Cora est financièrement très réaliste vu la simplicité de son décor, du peu d'équipement nécessaire et de son ameublement relativement modeste. En observant les autres types de restaurant qui s'ouvrent actuellement, il faut convenir que l'investissement pour un Cora est très raisonnable comparativement à ces autres possibilités d'affaires.

Encore une fois, le gros oui bataille pour grimper du ventre à la bouche lorsque la jeune fille du West Island m'interpelle du fond du récepteur téléphonique.

— Oui! mademoiselle Sophie, je me souviens de vous. Oui! vous pouvez passer, mais venez un jour de semaine, après trois heures.

Lorsque la jeune fille descend l'escalier du restaurant sur Saint-Martin, elle est, cette fois, précédée du pantalon parfaitement bien pressé d'un homme d'une cinquantaine d'années dont la crinière sel et poivre détonne avec la vivacité enfantine de ses boules de yeux.

— Madame Cora, ça fait trois semaines que j'attends votre appel. J'ai amené mon oncle pour qu'il vous explique ce que c'est que le franchisage.

— Bonjour, monsieur, je… je me suis renseignée et c'est beaucoup plus compliqué qu'on pense de devenir franchiseur. Faut avoir des contrats, des manuels de recettes, des manuels de procédures, des formulaires et des règles bien précises dont on est prêt à vérifier l'observance.

— Étouffez-vous pas avec c'te paperasse-là, ma p'tite dame! Le franchisage, c'est pas si terrible que vous pensez! Surtout quand on commence avec une bonne idée comme la vôtre.

— Monsieur, c'est pas le franchisage qui est compliqué; c'est son application. Je me suis renseignée et je trouve merveilleuse l'idée du franchisage pour une bonne femme comme moi qui a la tête remplie de centaines de restaurants Cora. J'en veux partout en Amérique pis dans tous les pays qui déjeunent le matin. Mais écrire un contrat de franchise, c'est autre chose! Et un manuel d'exploitation, c'est encore pire, selon ma fille.

— Arrêtez de vous inquiéter! Rome ne s'est pas bâti en un seul jour! Vous traverserez le pont quand vous y arriverez. Moi, quand j'ai commencé, j'ai ouvert un service de nettoyeur. Mon voisin concurrent trouvait que j'avais découvert une saudite de bonne façon de suspendre le linge déjà pressé sur des rails obéissant à un bouton placé près de la caisse. À la demande, le complet de monsieur Untel arrive juste à portée de main de la petite caissière qui économise ainsi de précieuses minutes parce qu'elle n'a pas à se rendre jusque dans l'arrière-boutique. Mon voisin me demande donc de lui installer une patente comme la mienne, moyennant rétribution bien entendu! Croyez-le ou non, ma p'tite dame, le même soir j'ai écrit mon premier contrat de franchise sur l'envers du napperon du p'tit restaurant où on est allés prendre un café pour en jaser. Pis aujourd'hui, surtout depuis la fusion avec DaJuin, j'ai de la misère à suivre la progression de notre chaîne. Faut juste vous entendre avec la petite Sophie sur les principales règles du jeu, le reste viendra à mesure que vous avancerez. Faut continuer de développer parce que vous avez dans les mains une excellente occasion d'affaires.

— Merci, monsieur, c'est un grand talent que vous avez là, de savoir dédramatiser la vie à ce point.

— Inquiétez-vous pas, ma p'tit dame, la vie est une grande comédie et je monte sur les planches pratiquement tous les jours. Continuez votre patente; elle est super, et c'est grand temps qu'on puisse déjeuner aussi bien que chez vous. Dans les affaires comme dans n'importe quoi, faut mettre une jambe devant l'autre pour avancer; ça sert à rien de prétendre qu'on va repasser le drapeau américain si on est pas capable de presser correctement les pantalons de son voisin! Vous avez pas l'air d'une péteuse de broue; vous avez la carrure d'une femme forte de l'évangile, vous connaissez vos crêpes, vous avez donc tout ce qu'il faut pour réussir. C'est pas plus compliqué que ça. La business, c'est pas fait pour un genre de phénix en particulier. La business, c'est pour le monde ordinaire, comme vous pis moi, parce que du monde comme nous autres, ça n'a pas peur de se mouiller les mains dans la cuvette ni d'aller cogner à la porte d'un nouveau client. Pis en plus, avez-vous réalisé qu'en faisant du franchisage vous allez aider un paquet de monde à se partir en affaires en réduisant leurs risques, en leur montrant comment faire et en leur évitant probablement le pire? Ma mère disait, dans le temps : « Miky, si tu aides à sauver une âme, tu sauves la tienne. » Ben moi, madame, je vous dis que si vous aidez quelqu'un à réussir en affaires, c'est vous-même qui allez réussir!

Nos préparatifs ont quand même duré une année complète à lire tous les contrats de franchise que je pouvais dénicher et surtout plusieurs modèles de manuels d'exploitation que certaines compagnies rendent disponibles au grand public. Mes enfants et moi avons aussi passé des mois à nous chicaner sur le mesurage des ingrédients nécessaires aux recettes qui, jusque-là, avaient été exécutées à l'œil, avec quatre pommes, huit bols à soupe du premier casse-croûte, ou de la fécule jusqu'à épaississement. Il fallait minutieusement refaire, devant témoin, chacune des recettes en mesurant précisément les quantités, le temps de cuisson et la quantité exacte que tel ou tel mesurage devait produire. Il a fallu disséquer le beau volatile capturé dans mes rêves, fouiller à la racine de chaque geste, expliquer le pourquoi, le comment et quantifier le quand. Il a fallu surtout reprendre le crayon et le calepin et écrire, non pas le roman de Chez Cora, mais la pragmatique méthode de son fonctionnement. Et nous l'avons fait, aux dires des spécialistes, mieux que tous les débutants en la matière!

Nous ne débutions pas vraiment, voilà notre avantage, puisque j'avais, sans trop m'en rendre compte, découvert et appliqué les principales règles d'un réseau à succursales multiples. Nous avions une grande expérience dans la préparation de déjeuners et le service aux tables dans nos restaurants était déjà qualifié de très chaleureux. Il me restait donc à organiser une supervision plus systématique des établissements et à maîtriser l'art, non plus de donner des ordres comme patron, mais d'offrir des bons conseils comme partenaire franchiseur.

Afin de simplifier la nouvelle structure organisationnelle de l'entité franchiseur, j'offre à mes associés de certains restaurants existants d'acheter mes parts et de devenir franchisés ou, s'ils ne désirent pas être franchisés, de me vendre les leurs et de quitter ce qui deviendra le réseau de franchises Chez Cora déjeuners.

Au printemps 1994, après le dernier polissage de plusieurs séances avec un consultant en mission d'entreprise, nous installons pour Sophie un gros soleil Cora au-dessus du centre commercial Terrarium à l'angle des boulevards Hymus et Saint-Jean à Pointe-Claire. Le nouveau Cora ouvre et il est aussi magnifique que ceux sortis du propre ventre de la fondatrice. C'est un flagrant succès pour Déjeuner Cora, s'être parfaitement reproduit, sous contrat et, bien entendu, moyennant rétribution!

Nous jubilons et coordonnons l'ouverture de sept autres franchises qui, l'année suivante, contribueront à nous propulser sur le podium, encore vacant à cette époque, du «leader des petits-déjeuners au Québec».

En juillet 1995, Julia quitte l'entreprise familiale pour expérimenter autre part le battement de ses propres ailes. Titan continue de tendre les bras pour atteindre le ciel en empilant montagne par-dessus montagne pour y parvenir et Nicholas se faufile agilement du panier de fruits à la plaque chauffante. Ce jeune fils décide de se consacrer aux cuisines Cora parce que rien d'autre ne l'intéresse davantage à cette époque. Doucement, ses champs d'intérêt s'élèveront au-dessus du bruissement des casseroles et, remplaçant Julia à la tâche, il deviendra responsable de l'ouverture des vingt prochains restaurants de la chaîne.

Au printemps 1996, l'équipe du nouveau franchiseur piétine sur un inconfortable plateau. Trop jeune pour se comporter en entreprise aguerrie, elle fait cependant face à un réseau déjà trop imposant pour se contenter d'une direction strictement barattée maison. Il est urgent que le noyau connaissant attire maintenant des compétences venant de l'extérieur. Ma centrale s'active à admettre que nous avons atteint, du moins temporairement, le summum de nos capacités. Il faut sortir le cou de la basse-cour et reluquer d'autres cerveaux remplis de connaissances appliquées en franchisage. Je cherche et je trouve. Ainsi, par la suite, grâce à l'arrivée bénéfique d'un spécialiste en gestion de réseau ayant pour mandat d'épurer nos activités et de solidifier notre potentiel, l'équipe de direction améliore son allure et réussit à atteindre une nouvelle vitesse de croissance. C'est à cette époque que je réalise que tous les chemins mènent à Rome, qu'il n'y a pas seulement ma façon de voir les choses dans la vie et que la nouvelle cohorte de professionnels autour de moi a, elle aussi, de très bonnes idées quant à l'exploitation du Déjeuner Cora. J'apprends l'art de la délégation et la pirouette du retrait. Je me rendrai compte plus tard qu'en étant capable d'engager des personnes plus qualifiées que moi j'ai agi en véritable grand patron.

Le nouveau gestionnaire se baptise lui-même vice-président exécutif et s'empresse d'affubler son monde de titres à imprimer obligatoirement, chacun sur sa carte personnelle. Nicholas hérite de celui de «directeur des opérations» et moi du prestigieux «présidente fondatrice» au cas où j'oublierais qui je suis!

— Comment vous sentez-vous, madame Tsouflidou, lorsque vous voyez votre propre nom inscrit sur la trentaine d'enseignes de restaurants Cora? me demande la gentille intervieweuse de Capital Actions en 1998.

J'ai envie de lui répondre que je ressens chaque fois le même éloignement, comme le jour où j'ai lu pour la première fois sur un document l'imposant «présidente fondatrice» sous mon nom. Éloignée, comme déjà ratatinée, assise sur une haute chaise de vieux conseil d'administration dont les pattes seraient plantées à huit cent mille kilomètres du chaudron de crème pâtissière. Un détachement qui fait partie intégrante du progrès, me chuchote un bon ange dans l'oreille, mais je réponds plutôt :

— Eh bien, mademoiselle Champoux, on ne peut malheureusement pas être partout à la fois, on ne peut pas tout faire soi-même. La Cora de l'enseigne n'est plus une vraie personne. C'est devenue une idée, un concept, je dirais même un repère dans la brume matinale pour le ventre affamé.

Je suis fière du cheminement de cette petite graine d'idée que la providence a jadis oubliée dans ma tête. Je savoure maintenant l'expérience d'avoir engendré cette autre sorte de phénomène, différent de l'enfant mais lui ressemblant comme deux gouttes d'eau. Les affaires, c'est aussi douloureux et exaltant que la maternité; c'est une espèce d'interminable accouchement en public impliquant nos tripes, toutes nos forces et la même détermination dont fait preuve la maman qui tient à ce que son rejeton arrive bien portant en ce monde.

Plus l'entreprise grandit et plus j'ai tendance à me sentir dépassée. Heureusement que je suis entourée de collaborateurs expérimentés à qui je délègue allègrement. J'ai compris que je ne suis plus obligée de détenir toutes les compétences, surtout depuis que j'ai lu la biographie d'Henry Ford pour m'encourager. En fin de compte, c'est le titre prestigieux qui a raison : mon rôle est de présider l'entreprise, de l'incarner, de la représenter, de la décrire aux autres, de voir à ce qu'elle ne manque pas de ressources et de l'enrichir le plus souvent possible de mes merveilleuses idées. Je ne joue plus de la spatule ni de la grosse fourchette, mais, tel un bon chef d'orchestre, je dirige l'ensemble. Je lance mes coups de baguette magique et je me réserve le dernier salut.

Il est relativement facile d'assumer la décision finale parce que j'ai toujours eu un gros oui, entreprenant, prêt à me débouler de la bouche. J'ai toujours été celle qui porte dans son cœur le précieux levain du déjeuner Cora. Oui, on vend la maison pour acheter Miss Côte-Vertu ; oui on va servir des vraies crêpes, oui on achète Saint-Martin, oui pour le rôti de porc, oui pour Vimont, oui pour le restaurant de Peter, oui pour le franchisage, oui pour le vice-président et oui il faut se calmer lorsque la petite voix intérieure tiraille vers la passivité. Il faut se fier à son intuition, attendre qu'elle nous envoie un signe, car cette petite voix-là, c'est la puce intelligente de l'ordinateur situé entre nos deux oreilles et sa parfaite extériorisation devient la grâce d'état du chef d'entreprise.

Décider comporte toujours le risque de se tromper et demande autant d'audace que d'humilité. Si les choix étaient toujours évidents, on n'aurait pas à décider, mais tout simplement à conclure qu'il faut virer à gauche ou pousser un peu plus vers la droite.

Il faut avoir le courage de trancher en temps et lieu, et l'humilité de quémander l'information nécessaire à l'évaluation des conséquences de nos choix. Je ne suis jamais pressée de prendre une décision. La plupart du temps, j'insiste «*to sleep on it*», comme disent les Américains. En réalité, j'attends qu'une évidence s'éveille en moi; j'attends que mon principal stratège (mon ange gardien) m'envoie une information capitale. Lorsque rien ne vient, je tourne en rond, je visionne des films japonais, je jase du projet avec mes collaborateurs, j'écoute, je dessine, je demande une explication supplémentaire, je jauge, j'entrepose des données et je deviens comme une sorte de catalyseur de renseignements. Lorsqu'une décision émerge et se précise, je réponds oui. Autrement je me retire de l'affaire pour cause de cacophonie intérieure. Quelquefois, j'ai l'air complètement nouille et je sais que bien des gens vont remettre en question ma compétence; cela m'importe peu. L'important c'est de gagner, comme dirait le grand Péladeau. Le principal, c'est d'avancer harmonieusement, le cœur aligné dans la même direction que le toupet.

Le frisson que l'on ressent lorsqu'on joue avec le hasard ne m'a jamais attiré. Un jour, dans le premier petit restaurant de la rue Papineau, un client m'avait donné un billet de loterie. Le soir venu, j'ai traversé la rue pour le faire valider au dépanneur d'en face, et j'apprends qu'il me donne droit à un autre billet de loterie. Je demande au commis de me remettre plutôt l'équivalent, en argent, de la valeur du billet. Il refuse parce que personne ne lui a jamais demandé cela. Je quitte son comptoir en lui laissant le billet que je viens de gagner. «Qui risque rien n'a rien»; je connais le dicton, mais je réalise aussi que je ne suis pas joueuse.

En affaires, il y a des risques; mais lorsqu'on commence avec rien, on n'a rien à perdre et on peut se permettre de prendre des risques; puis, à force d'en prendre, on apprend à en mesurer la portée. C'est inévitable. Je suis très prudente, du genre à ne pas gaspiller l'argent que je n'ai pas encore gagné. J'ai appris ça du grand-père Frédéric qui disait toujours qu'il ne faut pas vendre la peau de l'ours avant de l'avoir tué ni péter plus haut que son trou. Je ne suis pas capable d'emprunter inutilement même si, quelquefois, c'est au détriment des banques qui aimeraient bien me rendre service; même si on écrit maintenant des livres pour enseigner aux audacieux comment faire de l'argent avec l'argent des autres.

Mon histoire d'entrepreneur est finalement assez simple. Je me dessine moi-même, comme dirait Walt Disney, avec les moyens du bord. Comme dans le temps de la tante Olivette, je me rebâtis chaque fois que le vent s'acharne à démantibuler mon château de cartes. Lorsque j'ai ouvert le premier Cora, je voulais juste survivre au *burn-out*, m'en sortir et réussir à nourrir mes enfants. J'ai écouté mon cœur et j'ai décidé de faire plaisir au monde. J'ai agi, pas par intérêt ni téléguidée par une quelconque stratégie, mais parce que j'avais moi-même tellement besoin d'amour et de satisfaction personnelle.

— Allez, monsieur Lewitt! Prenez encore un autre bol de *chowder*, ça vous coûtera pas plus cher. Allez, c'est votre soupe préférée.

— Mettez une double portion de crème anglaise à Betty qui s'en va faire sa journée de douze heures, la pauvre, chez Pharmaprix.

— Oui, Bastien, je t'ai fait des vrais cretons, avec une vieille recette de servante du curé. Pis du bon fudge à la crème trente-cinq pour cent.

J'ai passé des centaines d'après-midi à essayer des recettes de sauce au caramel, de ketchup vert et de mélange à gaufres qu'on n'a même pas encore ajoutées à notre menu. J'ai fait des mokas au café pour Jean-Claude, des sapins au gingembre pour Nico, des macarons et des bagatelles à toutes les sortes de fruits de saison. Je me suis amusée à composer les cartes du midi; à inventer des noms farfelus de sandwiches, de burgers farcis de nouveautés et de pâtes alimentaires italo-gréco-québécoises. J'ai toujours accordé une importance énorme au moindre petit détail susceptible de faire plaisir. Et je ne me suis pas gênée pour embêter la galerie avec mes descriptions poétiques de Nouilles-Ratatouille, Crespelles et Blanquette, Fusilli Roméo, Omelette Merlin, Baguettine Omerta, Yellow Submarine ou Salade Grand Gosier. Un jour, juste pour aguicher la demi-partie grecque du cervelet de mon Nicholas, j'ai composé et envoyé à tous les cuisiniers du réseau la très savoureuse histoire de la SALADE GRECQUE VILLAGEOISE.

61

La Salade grecque villageoise

Villageoise... parce que la mémère grecque, s'apercevant qu'il est bientôt l'heure de manger, enlève ses pantoufles, chausse de vieux sabots de bois et se rend dans le jardin au fond du lot familial. Elle ramasse sept ou huit grosses tomates pendues aux arbrisseaux, soulève deux gaillards de concombres étendus dans le sillon qu'elle piétine et empoigne un piment bien rougeaud que les corneilles ont épargné.

Ensuite, elle tire la queue à quelques échalotes et cherche de l'œil une nouvelle pousse d'origan. Puis, clopin-clopant, son dîner caché dans le tablier, elle enjambe la clôture de ronces, traverse le champ de coton des Karayiannopoulos et se rend à la boutique de Maria, la seule marchande d'olives qui consentira à lui échanger quelques perles noires contre son surplus de tomates fraîches.

«Ajoutez une belle tranche de fromage feta aux légumes gentiment tailladés.

Arrosez d'huile d'olive et de vinaigre de vin.
Et saupoudrez d'origan haché.
Post-scriptum : Offrez un pita grillé…»

Parce que la mémère grecque en a ramassé quelques-uns en allant saluer Michali, son petit-fils qui travaille déjà, malgré ses quinze ans encore humides, chez papou Costa, le meilleur boulanger de tout le Péloponnèse.

62

La crème de citrouille

Quelquefois, j'envoie, pour rire, des éditoriaux aux franchisés avec une leçon bien cachée dans la galette.

Wou! les cuisiniers, l'Halloween s'en vient. Moi, ce qui me fait plus peur que dix chats noirs enragés s'arrachant le paillasson devant ma porte, plus peur qu'une vieille sorcière de cent dix-huit ans tout avachie sur la banquette arrière de mon automobile et plus peur qu'un fantôme qui me demanderait dix sous pour téléphoner, moi, je vous le confie, ce qui me fait le plus peur, c'est de rencontrer par hasard, alors que je me pavane en orgueilleuse dans un restaurant Cora, une crêpe épinards-cheddar pas assez cuite, pâteuse, flasque, la bedaine suintant l'huile et étendue tout croche dans une grande assiette ovale. C'est pire que de voir un crapaud galeux qui aurait entrepris d'escalader un gros shortcake aux fraises.

Je n'exagère pas en vous racontant à quel point j'ai peur quand je vois un déjeuner Cora mal fait; trop ou pas assez cuit, obèse ou maigrichon, plate ou pas assez mûr, le jaune crevé, fade et tellement indigne de l'attente gourmande du client. J'ai peur parce que les clients viennent chez nous pour manger, pour se payer la traite, pour déguster et pour être ravis. J'ai peur parce que chez nous, c'est la nourriture qui est le plus important; pas la bière, ni les peanuts en écale, ni le boléro transparent de la voisine. C'est à cause de la nourriture que nous sommes populaires et c'est à propos d'elle que parlent tous nos clients. Je vous garantis que le jour où nos déjeuners commenceront à ressembler à des déguisements d'Halloween... eh bien, ce jour-là (et je prie chaque instant pour qu'il n'arrive jamais), ce jour-là, chers amis, oublions nos jobs payants, nos investissements profitables, le tennis à quatre heures moins le quart, notre décoration bucolique ou le nouveau grille-pain rotatif ultra-rapide. Parce que le jour où nous ne serons plus les meilleurs, nous aurons déjà commencé à être parmi les pires. Et ceux-là doivent se contenter de mouchoirs de papier pour pleurer. Wou!

Parce qu'il a bien rigolé, Dominic, le cuisinier de Vimont, m'envoie sa recette favorite de soupe à la citrouille.

Couper en petits dés, dans un chaudron :

6 tasses de chair de citrouille,

4 tasses de carottes,
4 tasses de patates,
et 1 tasse d'oignons.

Faire cuire dans de l'eau, égoutter et passer au robot culinaire. Remettre ensuite la purée dans le chaudron et ajouter 2 tasses d'eau, 3 tasses de lait, une demi-cuillerée de gingembre et quelques noisettes de beurre.

Chauffer en brassant jusqu'à frémissement du potage. Au service, ajouter dans le bol de chaque client quelques croûtons grillés découpés en forme de chauve-souris.

Merci, Dominic!

63

Pour réussir, il faut triompher
de ses propres croyances

Quand j'étais jeune, mon père disait :
— Les gros jobs, c'est pour les gars de Toronto.
Apprends donc l'anglais pis la sténodactylo et
contente-toi de devenir une bonne secrétaire bilingue.

Au fond de notre Gaspésie, on était fait pour un
p'tit pain et il fallait se compter chanceux d'avoir à
manger trois fois par jour. Au village, ceux qui
réussissaient avaient «pas beaucoup de conscience»
ou étaient capables de «fricoter avec le bien d'autrui
pour s'enrichir». Je me souviens des commérages
qu'entretenaient les voisines dans la cuisine de
Caplan; un jour, contre monsieur Leblanc, le propriétaire débauché du premier cinéma du village; un
autre, contre Napoléon Babin, le lèche-cul qui, à ce
qu'on disait, obtenait tous ses permis d'excavation
de la propre main du curé Rioux. C'est tout juste si
les richards n'étaient pas tous des voleurs. Lorsqu'on
grandit avec une telle mentalité, il est pratiquement
impossible de rêver de devenir chef d'entreprise.

C'est défendu, voire péché, de penser à s'enrichir. C'est encore plus grave, je suppose, pour une femme qui ne s'est pas contentée d'un rôle de soutien et qui a décidé de prendre les commandes de son existence. Oui, on se sent marginale, égoïste et continuellement menacée du châtiment réservé à celles ou à ceux qui osent désobéir à la règle.

Heureusement que je n'ai jamais appris à aimer l'argent. Je n'ai donc pas été motivée par lui lorsque j'ai commencé à bûcher. Je voulais juste nourrir mes enfants et devenir quelqu'un.

Je voulais tellement devenir quelqu'un de bien, quelqu'un qui en aurait assez fait pour mériter d'être aimée. Toute ma vie, j'ai essayé de déchiffrer le mystère entourant l'existence de Dieu et j'ai prié pour que cet être supérieur m'accorde son attention.

Je n'ai jamais vraiment compris pourquoi j'avais la certitude qu'il existait pour moi un futur à créer et je ne sais où j'ai trouvé la volonté nécessaire pour consacrer toute mon attention à cette tâche. Je ne sais pas d'où me vient ce *savoir* qui me fait prendre les meilleures décisions pour la croissance de mon entreprise, mais ce que j'ai toujours su, dans le fond de mon cœur, c'est qu'il n'y a que l'amour d'important. J'ai aimé mes enfants, mes créations imaginaires, la poésie, Déjeuner Cora et même la Martha Giroux de Vimont qui, malgré son comportement décousu, a toujours cherché, elle aussi, à attirer l'amour. J'ai lutté intérieurement contre l'enseignement religieux qui a voulu massacrer cet amour. J'ai pleuré et j'ai moi-même créé les pires environnements pour que mon angoisse ait raison d'exister. Je me suis mortifiée pour compenser la maladie des mains dont je n'avais pas hérité. J'ai passé ma vie à essayer de répondre aux exigences divines bien qu'elles me soient toujours apparues nébuleuses et de provenance incertaine. Quelle horrible confusion! J'ai tout cru et, en même temps, j'ai l'impression de n'avoir cru à rien de ce qu'on essayait de faire entrer dans ma caboche. Mon cœur est resté vide de Dieu et ç'a été ma pire souffrance; pire que toutes les descriptions de l'enfer aboutées les unes aux autres. Ma mère, aussi, m'a tellement déroutée avec sa maladie invérifiable et son idiote bravoure d'accepter, avec le sang des mains, sa quelconque punition divine. Traumatisée, j'ai oublié de grandir et je suis restée figée à quatre ans avec, devant moi, la tête de ma mère remplie de ses monstres terrifiants. J'ai eu peur parce qu'à quatre ans on pense que le corps de sa mère, c'est le paradis et que son cœur, c'est le bon Dieu. Et j'en ai été privée toutes ces années.

On ne nous a pas appris à exprimer nos émotions, ni la joie ni la peur, et encore moins le besoin. Quant au reste de notre éducation, les parents s'en sont déchargés sur l'école et celle-ci a supposé que nous avions appris à la maison. C'est ainsi que mon frère, mes sœurs et moi sommes entrés dans le vaste monde : handicapés du principal, inaptes et convaincus d'être inférieurs.

Quel meilleur endroit qu'un champ de merde pour rêver aux roses? Quel meilleur exemple qu'un restaurant vide pour comprendre ce qu'est le succès? Quoi de mieux que la noirceur pour expliquer le bienfait de la lumière, et un désert aride pour se rappeler mentalement l'extraordinaire saveur de l'eau?

À force de mordre ces petites boulettes de misère qui m'avaient été offertes, j'ai finalement compris : elles avaient été préparées tout spécialement pour me faire apprécier un plus grand festin. J'ai compris que toute activité ici-bas est en réalité une immense mise en scène; une grande comédie, comme disait le fameux nettoyeur comédien; une pièce de théâtre à l'intérieur de laquelle nous jouons un rôle, notre rôle. J'ai surtout compris que toute cette planète est un immense contexte à l'intérieur duquel nous expérimentons nos particularités d'être humain. Et cela faisant je comprends que je ne suis pas de ce monde comme aucun comédien n'a l'existence vissée aux madriers de la scène sur laquelle il exécute sa performance. Je réalise que j'ai passé ma vie à chercher ce qui était bien caché au fond de mon cœur, ce qui était mon cœur et ce que je suis en permanence. Je comprends enfin que ce que j'appelle l'âme, ou le cœur, ou la plupart du temps, la pensée, c'est en réalité Dieu lui-même vivant en moi. Je réalise qu'il a toujours été là et que je n'ai jamais été séparée de lui puisque ma véritable nature est une partie de lui. Ce qui est là jour et nuit, ce qui pense, ce qui raisonne, ce qui me parle intérieurement, ce qui a la capacité de me transporter dans mille conversations à la fois, ce qui insiste, ce qui est omniprésent, tout cela, c'est le véritable moi, ma nature m'inspirant et me dictant quel gouffre à éviter ou quelle folie à expérimenter. C'est extraordinaire d'être soudainement dégagée de cinquante millions d'édifices ayant écrasé ma capacité de reconnaître ce paradis accessible. Oui, il n'y a que l'amour et c'est ma véritable maison, l'endroit où je m'en retourne lorsque le rideau tombe sur une représentation. Il n'y a que Dieu et c'est une partie de sa force qui s'agite dans ma tête depuis le début de ma conscience. C'est elle qui n'a jamais cessé de se manifester, m'appelant constamment vers ce que je nommais Dieu et qui est, en réalité, la plus sublime manifestation de moi-même. J'ai toujours été attirée par le dépassement et aujourd'hui je comprends que cette évolution vers le bien, c'est encore lui, le grand Manitou, qui occupe davantage d'espace en moi.

Paradoxalement, c'est l'argent lié au succès qui m'a le plus apeurée à mes débuts. Comment faire pour avoir de l'argent sans perdre son âme? J'ai encore beaucoup de chemin à faire sur la voie de l'illumination financière. Mais il est réconfortant de constater que plus on évolue, plus on se remémore son héritage d'enfant de Dieu et plus l'argent, de lui-même, se bonifie. Je comprends qu'il ne suffit pas seulement de travailler fort pour faire de l'argent; il faut aussi connaître les lois cosmiques du succès, les vertus qui attirent l'abondance. Il faut adopter l'état d'esprit du gagnant et croire fermement que l'on est l'artisan de sa vie, celui qui la façonne dans le rêve, celui qui en écrit le scénario, celui qui en joue le rôle sur la scène et celui qui a le suprême privilège de jouir des applaudissements.

Cette tout autre perspective va à l'encontre de ce que les bonnes sœurs nous ont appris et à l'encontre de l'étrange p'tit Jésus qui, selon maman, allait être tout attristé si on mourait pendant la nuit avec les orteils encrassés, ou se réjouir si on mangeait nos grillades de lard sans rechigner. Ce p'tit Jésus dont parlait ma mère nous surveillait jour et nuit avec le bâton dans une main et un calepin dans l'autre pour noter nos points de démérite. Quand on débute sa vie en ayant déjà perdu toutes ses chances auprès de ce Bonhomme Sept-Heures-là, c'est comme si une nuit constante nous privait de lumière. On bûche, on crie, on se disperse, on s'épuise, on dort, puis on recommence le lendemain à gagner son ciel à la sueur de son front. Et le pire, c'est qu'on est convaincu que c'est la seule voie possible. On est résigné; on pense aux martyrs canadiens, aux missionnaires que les sauvages faisaient bouillir dans des chaudrons ou scalpaient vivants, attachés à des érables ou à des bouleaux. On se remémore la grosse tête d'eau de sa cousine alitée de Bonaventure et le néant morbide endormi sur sa vaste figure. On a peur de tenter le démon et on se sent coupable de bien s'en tirer malgré tout! On avance en surveillant le chasseur aveugle qui tire dans la mare.

— Paf! Monsieur Boudreau vient de fermer sa filature de Tracadie. C'est pas croyable, un si bon chrétien, un père de quatorze enfants vivants.

— Paf! La chanteuse de Paspédiac est morte dans un accident d'automobile! Elle qui avait une voix à se rendre dans les Europes.

— Paf! Savez-vous que la Paula à Frédéric a les mains ensanglantées d'eczéma?

Paf! Paf! Paf! martelait une radio diabolique installée entre mes deux oreilles.

Pour réussir, il faut dominer ses peurs. Il faut triompher de ses propres croyances et arriver à croire à un succès accessible pour soi. Cela ne se fait pas en criant ciseaux. Ni non plus en s'enfermant dans un monastère tibétain pour prier. Croire au succès, ça s'apprend calmement, humblement, les deux pieds dans nos bottines et les mains s'activant en tous sens. En épluchant les patates du moussaka, en vissant les boulons de la Camaro dernier modèle ou en réfléchissant au meilleur remède contre l'anorexie chronique des ados d'aujourd'hui. Croire au succès, c'est comme croire au paradis; c'est une conclusion mentale, une illumination qui peut arriver à n'importe quel moment de la vie (dans mon cas, c'est dans l'action), alors qu'on est engagé jusqu'au cou à tenter de réussir quelque chose. Croire au succès, c'est conclure qu'un verre est à moitié plein lorsqu'il est à demi rempli. C'est rare parce que la majorité des gens diront que le verre est à moitié vide. Et ainsi, il se videra de lui-même, par le seul phénomène naturel de l'évaporation. Croire au succès, ça ne se fait pas avec les doigts collés à une calculatrice ni en contemplant le parchemin de son MBA. L'instruction, c'est comme des lames de patins vissées à nos bottines. Souvent, elle permet de voler au lieu de marcher sur les genoux pour avancer, mais elle ne garantit pas qu'on va se rendre au cinquantième étage de la Place-Ville-Marie pour signer des gros contrats. Attention, trop en savoir certains jours peut drôlement compliquer les affaires et nous obliger à grimper jusqu'au cinquante-deuxième étage pour consulter le meilleur avocat en ville.

Comme pour le paradis, il faut se rappeler qu'il n'y a pas d'exigence particulière pour avoir droit au succès; il faut juste le vouloir, le vouloir assez fort pour se concentrer sur la centaine de biographies de chefs d'entreprise qui se reposent sur les rayons de notre bibliothèque. Faut le vouloir assez fort pour dévorer Napoléon Hill, Michael Gerber, Tom Peters, Deepak Chopra et Patricia Pitcher. Des fois, c'est cette simplicité qui effraie. On ne veut pas croire que c'est aussi facile que de lire *Blanche-Neige et les sept nains*. On ne veut pas croire que le succès résulte d'une décision mentale et que tout le monde y a droit. On a peur d'entreprendre quelque chose parce qu'on ne sait pas encore que l'ADN d'un petit Rockefeller sommeille en chacun de nous.

J'insiste sur la peur parce que, au début de mon entreprise, mon pire ennemi a été cette terrible peur. Une peur tenace et bien calibrée, comme dirait l'aviculteur à propos de son œuf. Une peur à l'épreuve des plus grands assauts de bonheur, tempêtant en pleine croissance économique et se fichant même du plus intelligent motivateur engagé pour la détruire.

À la guerre comme à la guerre, j'en conclus aujourd'hui qu'il faut faucher l'ennemi à la racine, dans sa propre forteresse. Pour survivre en affaires, il faut arrêter d'écouter sa tête pensante. Il faut, bien des fois, tourner à OFF le bouton de l'encéphale réputé intelligent.

Parce que très souvent c'est notre tête qui s'avère l'outil le plus dommageable au succès. Contrariée, la faculté analytique réussit à paralyser l'action lorsque les choses ne se déroulent pas exactement comme elle les a imaginées. La réalité, c'est que les événements de notre vie ne se déroulent jamais comme on les a planifiés. Et cela nous contrarie; cela contrarie notre pauvre ego qui se trouve à avoir tort et qui a l'impression de perdre le contrôle. À mon avis, c'est à ce moment-là que le négatif a le plus d'emprise sur la ferraille pensante. Il n'y a malheureusement qu'une seule chose à faire pour contrecarrer le négatif : décider qu'il en soit autrement. Changer sa perception des choses; considérer le verre à moitié plein, lever ses manches et s'acharner à le remplir; foncer de plus belle, s'impliquer corps et âme et ne jamais penser que ça devrait se passer autrement. J'entends tellement de personnes déclarer banalement qu'elles vont essayer ceci ou cela, qu'elles vont investir quelques milliers de dollars par-ci ou par-là, qu'elles vont attendre un ou deux ans pour voir si ça marche. Chaque fois, j'ai le goût de leur répondre :

— Perds pas ton temps, mon ami, ça ne marchera pas. Les affaires, ce n'est pas un coup de dé; ce n'est pas un hasard non plus. Les affaires, c'est une question d'engagement, une question de vie ou de mort pour celui qui débute. Les affaires, c'est un état d'esprit et une vocation. Quand on s'embarque dans ce genre de transatlantique, faut jamais penser qu'on devrait être ailleurs. Faut se donner corps et âme, et il faut adorer ce qu'on fait. Moi, en tout cas,

je n'ai plus jamais eu envie de changer de loco-
motive.

L'important, c'est de bien faire notre travail
chaque jour comme si notre vie en dépendait. En
réalité, elle en dépend. Notre succès dépend de notre
décision quotidienne de réussir. Il faut bien travailler;
bien tasser la saucisse dans le pain à hot-dog pour
que le client ait amplement de place pour y mettre
sa garniture favorite; avoir des oignons crus lorsque
le client désire des oignons crus et de la moutarde
de Dijon lorsque le client en demande. Il faut bien
rembourrer le fauteuil pour que le client y soit à
l'aise; bien recoudre la semelle du soulier si on est
cordonnier; bien nettoyer ses brosses entre chaque
cliente lorsqu'on est dans la coiffure; écrire correctement si on est dans l'écriture. Il faut bien faire les
choses, même les plus ridicules, même si personne
ne nous regarde, même si l'on ne comprend pas où
ça va nous mener.

Il faut bien faire les choses et écouter sa clientèle. Il n'y a pas de secret en ce qui concerne le
fameux menu Cora : ce sont les clients qui l'ont
composé. Ce menu, pour lequel j'ai déjà gagné des
prix et qui me vaut régulièrement des compliments,
c'est le résultat des multiples demandes des clients
et l'expression de toutes les occasions que j'ai eues de
leur faire personnellement plaisir en disant : «Oui!
Oui, c'est possible. Je vais te le faire; attends que je
m'exerce un peu.»

Il est important de savoir qu'en alimentation
on n'invente rien. On peut seulement découvrir de

nouvelles façons de faire les choses, d'agencer deux éléments pour en créer un troisième. Et quand les gens autour de soi s'extasient à mesure que le plat prend forme, cela constitue la meilleure étude de marché qui soit.

Pour réussir, il faut écouter sa clientèle, deviner à tout instant ce que son cœur demande. Franchement, mon seul génie a été de faire exactement cela. Par contre, mon grand privilège a été d'aimer le faire, d'aimer cuisiner et d'aimer satisfaire le client.

Pour réussir, il faut aussi savoir éviter les questionnements; il faut contourner les interrogations existentielles, éviter les remises en question et bannir les analyses interminables. Avec une enfance misérable, un mariage raté, une tête d'intellectuelle, aucune connaissance du métier et des moyens financiers presque inexistants, sans parler du fameux complexe «la réussite c'est pour les autres», j'avais, à mes débuts, tout l'équipement nécessaire pour échouer; ou pour réussir. Je le comprendrai beaucoup plus tard et au coût d'énormes souffrances quotidiennes. Il est facile de dire que la réussite se résume à une décision mentale.

— À une illumination, ajoutent en ricanant les lutins biscornus, se moquant de mon texte.

On peut lire ça dans tous les livres de cheminement; la phrase est même devenue un cliché. Et pourtant, c'est tellement compliqué à saisir.

Des *je suis pas capable, qu'est-ce qui me manque? j'y arriverai jamais, c'est pas pour moi, je ne m'y connais pas assez, j'aurais pas dû m'embarquer là-dedans,* je m'en suit dit des milliers de fois. Et le pire c'est que, la plupart du temps, on n'en parle à personne. J'avais peur de décevoir mes enfants, mes employés et mon entourage. J'avais honte de leur montrer ma faiblesse, j'avais honte d'avoir peur! Je paniquais en ayant l'air de sourire. Même si j'avais refusé de l'être pour mon mari, je voulais, en affaires, être la femme forte de l'évangile. Je m'imaginais la seule à avoir peur parce que, autour de moi, tout le monde avait l'air de bien s'en tirer. Je ne savais pas encore que tous les entrepreneurs sont dans la même situation que moi. Et que ceux qui continuent malgré tout sont souvent ceux qui n'ont malheureusement pas le choix, comme les immigrants qui ne peuvent retourner dans leur pays d'origine.

Bien des fois, c'est l'obligation qui nous fait transgresser nos peurs. Cela a été mon cas : j'avais des enfants à nourrir, un loyer à payer, un prêt pour l'auto à rembourser, pas de pension alimentaire ni de parenté bienveillante. «La nécessité est la mère de l'invention», parce qu'elle nous force à entreprendre. On devrait la bénir, mais lorsqu'on débute en affaires on a plutôt tendance à la maudire. Parce qu'on s'imagine que notre verre est à moitié vide.

C'est tellement difficile de démarrer une entreprise; il y a les longues heures de travail, le manque d'argent, l'impossibilité financière d'engager le personnel nécessaire, la lutte contre le découragement, la résistance aux cancans, l'isolement et le peu d'encouragement de son entourage. On dirait que les gens ne s'intéressent pas à nos efforts, ou alors que nos projets les dérangent. On a souvent l'impression qu'ils sont là juste pour nous surveiller, qu'ils attendent qu'on fasse faillite, comme si l'échec du voisin allait justifier leur propre inaction.

J'ai avancé malgré tout. J'ai persisté, j'ai bûché, j'ai trimé, j'ai pleuré et j'ai continué à cuisiner, et, à ma grande surprise, j'ai découvert à quel point j'aimais faire la cuisine. J'ai découvert à quel point le processus créatif s'alimente de n'importe quelle matière première. Je rêvais d'écrire, de composer des romans, et voilà que je me mets à le faire avec de la farine, avec des rondelles de banane, avec des pains aromatisés et avec des morceaux de fruits exotiques. J'insiste : il faut *aimer* son travail. C'est important de se sentir inspiré par son travail, de s'enthousiasmer, parce que c'est cet amour du métier qui aide à persévérer. Et la persévérance est comme un constant désir de vouloir en connaître toujours davantage. C'est la persévérance qui m'a permis d'avancer. C'est elle qui m'a empêchée de lâcher. C'est elle qui me gardait au casse-croûte, après la fermeture, pour chercher d'autres façons de mieux plaire à la clientèle. C'est elle qui alimentait mon insatiable curiosité et qui me trimbalait la frimousse entre les étals des marchands de nourriture. C'est encore à la persévérance que je dois l'illustre titre inscrit sur ma carte professionnelle. Nous avons tous, au cours de notre vie, des milliers d'idées géniales, mais combien d'entre nous ont finalement la persévérance d'en travailler une jusqu'à ce qu'elle se transforme en réussite ? La persévérance, c'est une sorte de levain qu'une main bienveillante a placé dans le cœur de l'entrepreneur pour le faire lever !

J'ai lu quelque part que la récompense du travail n'est pas l'argent qu'il procure, mais ce qu'il nous permet de devenir. Et j'en suis un parfait exemple; parce que j'ai persisté, parce que j'ai tellement travaillé de mes mains, elles sont devenues expertes en la matière et cette expertise m'a donné beaucoup de confiance, et de l'audace. Assez d'audace pour m'accorder moi-même le titre de «Reine des petits-déjeuners au Québec» et, par ricochet, créer une excellente marque de commerce; une marque dont personne ne pourra jamais contester l'authenticité.

C'est aussi parce que j'aimais cuisiner que j'ai continué à ouvrir des restaurants. Je l'ai fait plusieurs fois, jusqu'à ce que je réalise que j'étais capable d'enseigner aux autres à le faire. Et j'ai ainsi découvert le principe même du franchisage : enseigner aux autres sa recette du succès. Je suis donc devenue un entrepreneur franchiseur avec le rêve de remplir l'Amérique de mes restaurants Cora. Au début de ce nouveau millénaire, ma vision commence à se matérialiser. Je me promène à travers la province et je rencontre des Cora partout. Cela me réjouit et, en même temps, cela m'incite à penser qu'on pourrait en voir ailleurs : derrière les plus grosses montagnes, au-delà des vastes prairies, de l'autre côté des larges fleuves, en Ontario, en Colombie-Britannique, dans le reste du Canada et oui! partout sur le continent. Pour réussir de telles odyssées, les franchisés Cora doivent avoir le même bagage que moi dans leurs caboches. Je rêve qu'ils comprennent tous que la nature de notre *business* est beaucoup plus que le simple fait de vendre deux crêpes à huit dollars. Je rêve qu'ils aient réalisé que nous ne sommes pas seulement dans le commerce de la nourriture, mais dans celui du plaisir et dans celui de l'amour. Car c'est du bonheur que nous procurons; des instants de joie et des souvenirs gourmands impossibles à oublier. Je rêve que les franchisés Cora soient eux aussi des repères de contentement, des îlots de délices dans la grisaille, avec des fleurs fraîches autour du cou, des étoiles éclatantes à la place des yeux et des saveurs de fruits exotiques parfumant leurs paroles. Je rêve que chaque franchisé Cora s'engage au succès de son entreprise et que, tous ensemble, ils forment un gigantesque cerveau collectif concentré sur le ravissement de la clientèle.

Quand on a ouvert le Cora sur Saint-Martin, j'ai accroché la photo de feu mon père sur un muret longeant le comptoir et je me suis arrangée pour que ses yeux espionnent le tiroir-caisse. Je voulais qu'il voie l'argent entrer. Puis, j'ai installé son double à Vimont, à Labelle, et dans chacun des autres restaurants. Aujourd'hui, il se trouve dans le bureau d'administration où je suis emprisonnée. J'espère que, dans son paradis, mon père se permet enfin d'être fier de moi.

Peut-être n'aurais-je pas eu besoin de l'épingler face à la caisse, mais, me suis-je dit, les saints du ciel sont peut-être tous comme le saint Thomas qui a eu besoin de mettre son doigt dans la plaie du maître. Quant à moi, peut-être que toute la reconnaissance d'une province ne me suffisait pas? Mon cœur avait sans doute besoin d'un papa qui me dise: «Bravo ma Cora! tu avances drôlement bien.»

64

La présidente fondatrice du déjeuner Cora

Ce que j'ai caché au célèbre nettoyeur venu me visiter dans le sous-sol de Saint-Martin, c'est qu'après avoir engouffré toutes les connaissances disponibles au Québec sur le franchisage, ma centrale atomique a explosé. Pas dans son corps de travailleuse acharnée, mais dans les milliers de petites cellules nerveuses se rapportant au fait d'accepter que je suis en train de devenir la présidente fondatrice d'une très, très prometteuse entreprise québécoise. Après huit restaurants Cora ronronnant comme des chats trop bien nourris, me voici aux prises avec la terrible impression que mon déjeuner génial s'est transformé en horrible dragon courant après sa propre mère pour la dévorer, comme si tous les demi-monstres de Picasso s'étaient soudainement éjectés de leurs toiles pour attaquer le vieux peintre éberlué. Je doute d'être à la hauteur de la situation, paniquant en ayant l'air d'apaiser les foules. Qui croirait, d'ailleurs, que je suis morte de peur devant la belle occasion de franchisage que je viens tout juste de créer? Dans ce genre de nuit, l'avenir m'apparaît pire encore que mille dinosaures rugissants. Moi qui n'ai jamais envié la popularité d'une Coco Chanel ni celle de madame Lise Watier, voici que je souffre de l'éventuelle incapacité à satisfaire les besoins de ma création. Tels de virulents parasites, des milliers d'interrogations rongent mon esprit. Serai-je un bon franchiseur? Suis-je une assez bonne personne? Serai-je capable de croître? Ai-je assez de connaissances? Il devient urgent de mettre un terme à cette tourmente. Et je m'y engage, assistée cette fois — Dieu et tous ses anges, merci beaucoup —, d'un « coach » professionnel en la matière.

Après quelques semaines d'introspection, une première conviction s'installe : tout ce que l'esprit peut concevoir ou désirer, il est capable de le réaliser. Nous avons tout ce qu'il faut pour mener à maturité les idées que Dieu nous envoie. Oui, tous les outils sont en moi ou à ma portée, et il me suffit de les reconnaître et de me les approprier. Deuxième certitude que j'acquiers : l'entreprise m'appartient, c'est moi qui l'ai conçue et c'est à moi de la diriger et non d'en être la victime; c'est ma scène de théâtre, mon scénario et je n'ai pas à avoir peur. J'ai le droit de commettre des erreurs, comme tout être humain, et personne n'a le pouvoir de me sortir de ma propre création, à moins que je ne le décide. J'ai tout le temps, et le privilège, de réparer mes bévues; d'ailleurs, mes erreurs ne sont que des détours sur le chemin du succès, ou alors des raccourcis ou des solutions de rechange que je n'avais pas avantage à choisir. Ouf! Quel soulagement de comprendre tout cela. En apprenant à contempler mes accomplissements, j'accepte ma capacité de réussir; je m'approprie la décision de réussir et je peux aussi décider jusqu'où je veux aller. Je n'ai qu'à m'exprimer clairement et mes collaborateurs me suivront puisque je suis la source et l'énergie motrice du Déjeuner Cora. J'aime mon entreprise et je choisis d'y consacrer ma vie. Je ne penserai plus jamais à faire autre chose que la servir. Je n'hésiterai plus jamais. C'est moi, la Cora de l'enseigne, moi qui suis derrière des centaines de personnes qui diront :

— Mais oui, monsieur Poliquin, on va vous apporter des toasts au pain brun.

— Pourquoi pas, madame Brind'Amour? On peut remplacer le beurre d'arachides par une tartine au chocolat dans l'assiette de votre petit-fils.

— Oui, on va vous donner deux tranches de tomate à la place des patates rôties.

— Non, on ne vous demandera pas un supplément pour votre deuxième café, ni pour le troisième, mais avertissez-moi si vous manquez de crème.

J'apprends à compter mes bénédictions, à reconnaître mes talents et à saluer mes accomplissements. Contempler mes réalisations m'aide à avoir confiance en moi; si j'ai ouvert et fait fonctionner huit restaurants, je peux en ouvrir dix-huit, cinquante-huit, deux cent huit, et même plus, sans problème. Je sais m'organiser et prendre les moyens nécessaires pour balayer la poussière devant mes semelles.

Aidée de mes enfants, je prends le temps de définir notre mission d'entreprise. Nous établissons ensemble les standards de comportement et les valeurs qui gouverneront nos agissements futurs.

Je réaffirme mon intention de faire ma marque ici-bas; de laisser quelque chose de meilleur après moi; quelque chose qu'on pourra se rappeler au-delà du nom sur une affiche. Je veux contribuer, à ma façon, au mieux-être des autres. Je veux surtout permettre à Déjeuner Cora d'avancer à travers moi. J'apprends à contrôler ma pensée, à la diriger au lieu de subir ses soubresauts; je m'exerce à reconnaître la folle du logis lorsqu'elle danse son tango, et à changer de poste lorsque la musique de l'émetteur mental ne me fait plus aucun bien.

L'esprit revitalisé, je m'engage à être un franchiseur et à compter parmi les plus compétents, les plus intègres et les plus progressifs. Chacun de mes engagements s'appuie sur un principe lié à la nouvelle mission de notre entreprise : «Être le leader national (et demain international) des petits-déjeuners en offrant à notre clientèle une nourriture et un service de première qualité dans une chaleureuse atmosphère familiale.» Je m'engage aussi à ce que de futurs entrepreneurs puissent s'épanouir pleinement par l'exploitation de notre concept. Aujourd'hui, je pense que c'est la magie de mon engagement profond à la cause du Déjeuner Cora qui a catapulté ma réussite dans l'avenir en permettant à chacun de mes rêves de se réaliser.

Oui, c'est ma manie de toujours vouloir me dépasser, de faire mieux, plus gros, plus longtemps et meilleur. Cela implique que je ne suis jamais assez qualifiée au moment présent, mais je suis du genre à considérer mon réservoir de connaissances comme à demi vide et capable d'en recevoir encore et encore. Tant mieux! Je veux en savoir davantage, je veux apprendre, avancer en affaires, développer de nouvelles recettes en cuisine et surtout améliorer ma performance d'être humain ici-bas.

Depuis que j'ai compris que l'échec faisait partie des étapes menant au succès, je suis avide d'occasions de corriger une faiblesse. Si je me trompe, ma tête se dégonfle et je pratique l'humilité devant une leçon encore incomprise. Plus il y a de contrariétés et plus on apprend à réagir. En s'affirmant malgré l'adversité, on forme son caractère. On devient «plus grand à l'intérieur qu'à l'extérieur».

À Côte-Vertu, lorsque les clients me félicitaient, je me sentais comme une belle tulipe printanière : vibrante, fragile, éphémère et susceptible de frôler sa tombe chaque fois que le vent éternuait. Aujourd'hui la fleur s'est métamorphosée en char d'assaut avançant tranquillement mais sûrement vers son objectif, solide, inébranlable et à l'épreuve de toute intempérie.

Je suis très heureuse de collaborer à la cause du Déjeuner Cora. J'y suis profondément attachée, comme si ma vie en dépendait. En réalité, elle en dépend puisque, paradoxalement, c'est aujourd'hui Déjeuner Cora qui me crée, différente et meilleure d'un jour à l'autre. Déjeuner Cora est devenu mon manuscrit ici-bas, le texte créatif de ma propre vie : les bons coups, les désagréments et toutes les circonstances saugrenues me révélant qui je suis véritablement. C'est un magnifique palais des miroirs réfléchissant parfois mon œil propulseur d'épices, parfois mon front fermement déterminé, ou encore mon cœur, réparateur invisible de gâchis.

Ni l'enfance en Gaspésie ni l'éducation classique plus tard ne m'ont prédisposée à devenir chef d'entreprise. Mais les deux ont contribué à solidifier ma résistance à l'adversité; les deux m'ont fait développer une espèce d'instinct de survie qui m'a rapidement obligée à m'organiser. L'indifférence des autres à mon égard a aiguisé ma volonté et l'a incité bien des fois à surpasser celle des autres. Ainsi, ma personnalité a appris à se démarquer tant et si bien que les premiers rôles se sont mis à tomber dans ma cour. Même si, comme chantait Jean Ferrat, j'avais l'ossature coincée entre un four et une armoire, j'ai tout voulu apprendre. J'ai pris le taureau par les cornes et j'ai tout approfondi jusqu'à ce que ma recherche se transforme en passion. Ce faisant, le vibrant amour que j'ai développé pour Déjeuner Cora est devenu le liant nécessaire pour que mon destin s'accomplisse. Aujourd'hui seulement, je comprends que tout a été utile.

J'ai le goût de pleurer tellement la vie est merveilleusement bien faite, tellement tout arrive exactement à son heure, dans le corps et dans le cœur parfaitement mûri pour le recevoir. Jusqu'à ce que nous ayons l'occasion de réaliser cela, nous souffrons. Nous tempêtons parce que nous ne comprenons pas ce qui nous arrive. Comme nous ne sommes pas encore capables de voir toute notre vie sur une seule photographie, nous ne pouvons pas accepter ou comprendre que A et B précèdent C, que E prépare F, que G est utile à H ou que N arrive après M. Nous nous desséchons dans l'instant présent comme si nous avions oublié que demain, immanquablement, il va pleuvoir. Nous agissons quelquefois comme si le soleil allait se coucher pour toujours.

J'oublie le martyre des patates que je tranchais du temps du grand-père Frédéric en m'assurant que chaque morceau ait un bon germe en plein front. J'oublie que je sacrifiais chacun des morceaux, que je l'enfonçais en terre, que je le piétinais bien pour qu'il nous apporte, à la saison suivante, une généreuse récolte de patates. Même si j'ai appris à le faire, j'oublie qu'ici-bas il faut semer pour récolter; j'oublie que les tubercules ne tombent pas tout seuls du beau ciel peinturé bleu. J'oublie qu'on ne peut pas tirer sur les marguerites pour qu'elles s'entrouvrent plus rapidement. Et je passe ma vie à ne pas me souvenir que toutes les richesses du monde sont entassées dans la petite casserole sous mon bonnet. Telle une impardonnable idiote, je confonds l'éclair de lucidité avec un rêve fallacieux et, la plupart du temps, je permets qu'un odieux cauchemar torpille ma chaleureuse réalité. J'oublie, trop souvent, que les mauvaises aventures, les peines, les chagrins et les souffrances n'ont servi qu'à me faire apprécier le bonheur, la joie et la béatitude d'être enfin réunie à mon Bien-Aimé. Et puis je reconnais que tout cela a été nécessaire pour me faire comprendre que je n'ai jamais été séparée de Lui et qu'en Lui je suis ma propre source et que je peux, à tout instant, me re-créer encore plus grandiose si je le désire.

Le paradoxe dans la réussite, c'est qu'il faut toujours avancer, toujours vouloir aller de l'avant, toujours s'activer et en même temps, lâcher prise, savoir attendre, faire confiance, en restant immobile et à l'écoute. Il faut être ambitieux et détaché; il faut, dans l'espace de la même seconde, être prêt à foncer et prêt à se retirer. Il faut être glouton et frugal; passionné et réfléchi; sévère et chaleureux; humble et orgueilleux. Il faut avoir la capacité de soulever les foules et celle d'endurer sa solitude. Et il faut d'abord travailler sur soi-même avant de pouvoir collaborer avec les autres.

Quand on est patron, on est seul avec la respon-sabilité, seul avec la torturante préoccupation et seul avec la décision finale. L'isolement, c'est comme prendre des risques, ça finit par être une question d'habitude. Ça nous endurcit, ça solidifie notre caractère. Pour moi, cette solitude-là est une sorte d'électricité que je m'imagine seule à posséder; c'est le silence dans lequel je reçois mes réponses divines.

Oui! j'aime réussir, pouvoir griffonner avec des stylos à 4,25 $ chacun, acheter tous les livres que je désire, faire plaisir à mes petits-enfants et me trim-baler l'ossature dans une Mercedes 300 E diesel.

Je suis maintenant convaincue que je peux réussir tout ce que j'entreprends, car j'ai compris que la réussite est aussi une question de temps : le temps que l'on prend pour s'exercer jusqu'à ce qu'on excelle, le temps de recommencer jusqu'à ce qu'on exécute parfaitement bien une chose. Comme Lindbergh qui a essayé quarante-huit fois avant de réussir à traverser l'Atlantique. Je sais que la majorité des pilotes auraient débarqué de l'avion après le troisième ou le cinquième essai, une fois que toutes les excuses possibles auraient défilé devant leurs yeux.

Je réussis parce que je n'abandonne jamais. Je tourne, je modifie, je change, je négocie jusqu'à ce que l'affaire se présente comme je veux. Dans ma tête, je n'arrête jamais de faire des plans. Comme si je jouais avec les jeux de cartes de la tante Olivette. J'essaie d'améliorer mon palais en ajoutant un muret, je cherche une idée, je lis, je prie ; j'écoute des cassettes, j'entretiens deux, trois conversations en même temps, puis je me calme pour que le vent n'emporte pas mes constructions.

Je surveille mon chaudron de soupe, mais j'essaie de ne pas trop y tremper le nez parce que ça m'empêcherait de voir que le brocoli cale au fond ou que la lentille a perdu sa consistance. En affaires, il faut prendre du recul, comme disent les experts. Il faut aller déjeuner ailleurs de temps en temps pour s'apercevoir que les clients ne mangent plus nos bonnes petites patates rôties. Il ne faut pas s'asseoir trop longtemps sur notre feuille de laurier, comme disait Martha Giroux. Il faut se renseigner sur les produits des autres, sur les prix, sur les services, sur les plats du jour et sur les nouveautés qu'un «sans dessein de compétiteur» aurait eu le génie de découvrir avant nous. Il ne faut sous-estimer personne lorsqu'on vend du bonheur parce que la denrée est ratoureuse.

— *Fake it until you make it,* me disait Titan lorsqu'il s'est agi d'acheter la vieille Mercedes d'occasion. (Bluffe jusqu'à ce que tu réussisses.) Les gens qui réussissent se déplacent en Mercedes. Pourquoi pas toi, maman?

Et il avait raison; chaque matin, le fabuleux sigle m'invite à entrer dans l'automobile et à voler vers ma destinée. Pour le reste, je ne connais absolument rien aux automobiles, ni à aucun des accessoires que la vieille allemande n'a malheureusement pas. L'important c'est ce que je ressens en entendant l'aristocrate ronron du moteur diesel. Le beau Marcel de Côte-Vertu aurait ri de telles perceptions féminines. Il m'aurait fait remarquer que ce bruit tant adoré ressemble à celui de la poulie de ventilation s'apprêtant à flancher ou à celui du compresseur Husman lorsque l'été lui massacre les boyaux.

Je me suis toujours considérée beaucoup plus comme une mère, voire une mère poule, que comme une femme dans les affaires. Ainsi, je n'ai pas ressenti que mon sexe me privait de possibilités. Mes meilleurs atouts sont encore une bonne recette de sucre à la crème, mon endurance, ma ténacité, la façon dont je prépare un bon dîner avec presque rien ou la compassion que je sais démontrer au grutier venant de passer dix heures dans les airs. Avec une fente ou avec une petite rallonge, c'est du pareil au même, selon moi, lorsqu'il s'agit de se sortir la tête hors de l'eau. On hésite, on patauge, on avale des bulles, on nage, on endure et on finit par atteindre un rivage, que l'on soit homme, femme ou babouin. La réussite, c'est une question d'attitude, pas de biceps. Certes, il faut avoir quelques muscles de la catégorie des tout petits, qui sont heureusement distribués aux deux sexes, et il faut se servir de ces précieux muscles cérébraux pour grimper les marches menant à la banque. Il faut rattraper les centaines d'années d'entraînement qu'ont eues les hommes dans la préparation d'un plan d'affaires pendant que nous, les femelles, lavions les langes des poupons. Il ne faut pas se sentir démunie, ni défavorisée devant l'institution financière. Si nous n'avions pas été là pour désirer, l'homme n'aurait tout probablement jamais eu le réflexe d'épargner trois sous pour nous épater.

Mais, comme disait mon ex-mari grec : les femmes ont beaucoup de déficiences. Entre autres, celle de toujours *nous* sous-estimer en pensant qu'il *nous* manque quelque chose, en pensant que *nous* sommes inférieures. Nous ne sommes ni inférieures ni supérieures aux hommes, mais différentes. Et des fois je pense que certaines d'entre nous devraient arrêter de vouloir s'engouffrer dans des sous-marins et y vivre comme des sardines pendant des mois juste pour se prouver qu'elles sont aussi capables que ces pauvres matelots, qui eux sont obligés d'y être emprisonnés.

La femme est tellement plus grande que le rôle qu'elle s'attribue bien souvent. Elle est, à mon avis, beaucoup mieux préparée que l'homme pour réussir dans les affaires. La mère surtout, parce qu'elle s'est ouverte pour recevoir et a forcé pour expulser la vie; elle a nourri, protégé, câliné, patienté, réprimandé, instruit, formé, surveillé et, finalement, a composé avec l'adversité de ses ados. Elle a économisé l'argent de la semaine pour le pain, calculé le nombre de biberons nécessaires chaque nuit, mesuré les heures entre chaque cuillerée de sirop et noté les précieuses dates d'une première dent ou d'un dernier caca dans la couche. Les femmes ont moins d'assurance, dira la psychologue industrielle, et c'est selon moi préférable parce que ça les oblige à se fier davantage à leur intuition qui, elle, ne se trompe jamais. Parce qu'elles ne tiennent pas la réussite pour acquise, les femmes sont plus minutieuses, plus prudentes et beaucoup moins impulsives que les hommes. Au contraire du mâle, elles examineront une situation sous tous ses angles avant de se prononcer.

Dieu merci! je n'ai pas eu à combattre pour me faire valoir puisque j'ai débuté à la bonne place, comme dirait le macho. J'ai débuté au chaudron et, quand est arrivé le temps d'enlever mon tablier, il était déjà trop tard pour attraper des complexes du genre «J'ai moins de chance que mon voisin Léopold». Femelle, j'ai pourtant l'extrême privilège d'avoir une santé de bûcheron, une énergie de marathonien, une capacité de concentration assez exceptionnelle pour un vieux modèle de 1947 et un leadership des plus charismatiques. De plus, je suis capable d'inspirer à mes collaborateurs la discipline et l'enthousiasme nécessaire à l'accomplissement de notre mission. Après mon ange gardien, je suis le principal stratège de l'entreprise et je réussis très bien à délimiter notre champ d'expertise au fur et à mesure de notre croissance. C'est ma responsabilité de chef de communiquer la stratégie, de l'actualiser et de m'assurer qu'elle est bien écrite dans le cœur de tous mes collaborateurs.

J'aime la liberté, celle de penser, de dépenser, de dire et de faire comme je l'entends. Ce genre d'indépendance ressemble à un moteur d'avion décrivant d'immenses cercles autour de mes idées et les équipant de turbopropulseurs. Dans le quotidien, c'est encore le fameux titre qui me sauve. Car qui oserait traiter monsieur le président d'inconscient ou madame la fondatrice de vieille gribiche?

Parce que je rêvais de voir une figure exploser de contentement, une fougueuse énergie m'a fait dépasser les bornes du connu et m'a insufflé le goût de l'inusité, à moi qui ne connaissais presque rien en dehors de ma tôle de pouding aux fruits. Aujourd'hui, je commence tout juste à m'apercevoir qu'il existe des oiseaux rouges ou jaunes à collerette bleu marine. Depuis l'ouverture de Côte-Vertu, aucune autre musique n'a capté mon attention que le friselis des crespelles sur la plaque chauffante, aucune œuvre d'art n'a eu plus d'originalité que la coupe du déjeuner MAGIE et aucune expédition ne fut plus intéressante que celles au cours desquelles j'ai exploré les comptoirs de nourriture chez Milano. J'ai «focalisé», comme dirait le gestionnaire américain, en éliminant de ma vie la moindre distraction. Mais ce sacrifice n'a pas été inutile puisque maintenant l'enseigne Chez Cora déjeuners procure du travail à plus de mille cinq cents personnes au Québec. Tous ensemble, nous contribuons à contenter plus de cent trente mille ventres affamés chaque semaine.

65

Le déjeuner Gargantua

— Grand-maman, raconte-moi ce que tu apprenais à l'école dans ton temps, me demande gentiment bébé Alex, maintenant âgé de onze ans.

— Mange tes saucisses, mon petit, parce que grand-mère apprenait le latin et des histoires de l'ancien temps qui n'ont malheureusement pas grande utilité dans la vie d'aujourd'hui.

— Grand-maman, pourquoi t'as appelé mon assiette le déjeuner Gargantua?

— Petit coquin! C'est parce que Gargantua était un géant qui mangeait beaucoup, exactement comme toi.

— Pourquoi y s'appelait Gargantua, le géant? demande encore mon petit-fils.

— Parce que… Il y a longtemps, dans le pays de papi Jaco et du roi Charlemagne, il existait un incroyable géant qui mangeait plus à lui seul que tous les habitants de sa ville réunis. Ce géant était le fils d'une princesse nommée Gargamelle et d'un prospère marchand dénommé Grandgousier. On le nomma Gargantua à la suite de ce qui se produisit à sa naissance. Lorsqu'il est sorti du ventre de sa mère, au lieu de miauler comme toi tu l'as fait, ce bébé-là s'est écrié à haute voix : «À boire! À boire! À boire!» Son père s'est alors approché du berceau et s'est exclamé : «Que grand tu as! Que grand tu as!» Et toutes les personnes présentes, qui avaient entendu de loin les sons «ga-gan-tua», dirent que cela devait être le nom de l'enfant puisque c'étaient les premières paroles que le père avait prononcées en voyant son fils. Grandgousier et la mère Gargamelle furent d'accord sur le choix du nom. On raconte qu'il fallait treize mille vaches pour alimenter le poupon Gargantua, qu'à un an et demi il avait déjà dix-huit mentons et que, pour le faire patienter, il suffisait d'entrevoir deux bocaux de nourriture ou de faire tinter une jarre avec un couteau. On raconte aussi que le son de quelqu'un s'en venant avec de la bouffe réussissait toujours à égayer Gargantua… C'est en pensant à cet appétit légendaire que j'ai décidé de donner à notre gros déjeuner le nom du géant Gargantua. Regarde ce qu'il y a dans ton assiette : deux saucisses, du bacon, du jambon, deux œufs, une belle crêpe, un gros morceau de cretons, une portion de fèves au lard, des patates rôties et des toasts grillés. Ce déjeuner n'est-il pas digne du géant Gargantua?

— Ici, c'est moi, le géant! s'exclame Alexandre.

— C'est parfait, mon chéri; c'est toi qui décides qui tu es aujourd'hui et qui tu seras demain. C'est toi qui dois choisir la signification de ta vie.

Tu es Gargantua et tu es aussi Shakespeare, écrivant le scénario de ta propre vie.

— C'est qui, Shakespeare, grand-maman?

— Mange tes saucisses. Shakespeare est une autre sorte de géant que tu découvriras plus tard.

— Toi aussi, Cora, tu es un grand Shakespeare, me chuchote l'ange. Avec dans ta tête toute la signification de ton monde. C'est toi qui choisis d'être heureuse, misérable ou grande gagnante; tu choisis pour ton propre profit.

J'ai soudainement l'impression d'avoir dans le crâne une grosse boîte de crayons de couleur avec lesquels je dessine ma réalité.

— Ange Gabriel, prends toutes les teintes de noir, je n'en veux plus.

— Voyons, Cora! Le noir, c'est magnifique, versé à petites gouttes dans la fente d'un œil asiatique.

— J'espère que ton rouge ne servira pas seulement à colorier les framboises, ajoute un des compagnons ailés. Cora, arrête d'attendre après le décryptage des feuilles de thé pour agir. C'est toi l'interprète de ta vie ici-bas; c'est toi qui décides ce que tu vas ressentir devant ceci ou cela; c'est toi qui dictes à telle ou telle réaction de t'animer. Rose, noir, jaune, rouge ou bleu marine, une couleur, comme une émotion, n'est pas pire ou meilleure qu'une autre; chacune est différente et conviendra à mille différentes choses selon le regard ou le pinceau qui l'utilise. Il n'y a pas de mauvaises choses dans notre création; il n'y a que l'amour, qui nous inspire tous continuellement. Et même si les résultats ne semblent pas toujours éclatants, cela fait partie de la comédie humaine.

Il faut transcender notre réalité, comme disait Husserl, le philosophe allemand étudié au collège. La pensée doit être capable de sortir de son apparence physique, de s'élever et de contempler le phénomène de sa matérialisation. C'est ainsi, en regardant de haut, que notre trinité âme-cœur-esprit peut comprendre qu'elle est plus grande que chacune des circonstances quotidiennes de sa propre matérialisation, qu'elle les domine toutes et qu'elle seule a le pouvoir de les modifier. Je n'ai rien compris de cela au collège et c'est aujourd'hui que j'aurais, pour cet enseignement, les oreilles grandes ouvertes comme des soucoupes de satellites.

Il est grand temps que je m'enlève les écailles des yeux et que je commence à reconnaître les multiples processus d'une seule et même chose : tout contribue à mon succès; ainsi les embûches, les exaltations, les découragements et les incompréhensions font partie de mon cheminement vers la réussite et vers le paradis.

On peut apprendre à parler en public chez Dale Carnegie, lire les meilleures théories de *management*, étudier des systèmes de comptabilité complexes, réciter par cœur la biographie de Warren Buffet, avoir des amis haut placés à la Bourse de Toronto ou être le neveu du ministre des Finances, si on ne sait pas qu'il est impossible d'échouer, on ne peut pas réussir complètement. En constatant qu'une direction n'est pas bonne, qu'une autre n'est pas meilleure, on en vient à penser que toutes nos artères sont bouchées. J'ai traversé ce genre de brouillard et je n'aurais jamais pu me rappeler que j'avais le doigt sur le bouton du commutateur si je ne m'étais pas cogné la tête à multiples reprises sur les parois rugueuses du désespoir.

Des fois, la grâce a besoin de frapper fort pour qu'on l'entende et qu'on lui ouvre. Même si elle nous a envoyé des centaines d'anges avec des messages réconfortants, nous, pauvres humains, préférons croire aux simagrées des lutins biscornus. Ce n'est pas seulement dans les affaires qu'il nous faut diverses possibilités pour faire des choix, il en faut aussi dans notre vie personnelle. On pourrait presque dire que les misères, les folies, les erreurs ou les différentes escapades sont notre façon de nous créer un éventail de possibilités. On pourrait presque affirmer que tout cela est essentiel pour que nous ayons un ensemble d'éléments parmi lesquels choisir, pour que nous prenions la décision d'aller dans une direction ou dans l'autre. Les déceptions font partie du succès; elles représentent l'autre côté de la médaille, et sans elles, pas de récompense non plus. Il faut donc apprendre à virer sa médaille de bord dans l'adversité, à aller au-delà des paramètres de la contrariété. Il faut surtout ne pas oublier que, comme pour le bon géant Gargantua, plus le paradis est grand, plus ça va prendre de l'amour pour l'embrasser; plus le succès est gros, plus ça va prendre de la confiance pour le nourrir.

66

Il faut savoir écouter le silence

Je suis fière d'être à l'origine d'autant de plaisirs matinaux; fière aussi de tout ce que j'ai appris en cours de route. Dans la vie, cela ne sert à rien de grimper sur un piédestal; au contraire, il faut en tomber pour devenir du «vrai monde». C'est en sautant dans le vide qu'on prend de l'envergure, parce qu'on apprend à avancer différemment; il faut ouvrir le parachute du différent de soi. Il ne faut pas s'imaginer qu'on va toujours gagner; des fois, c'est le contraire de ce qu'on imagine qui s'avère le meilleur pour soi. Se tromper fait mal, mais on y gagne toujours une leçon. Perdre une bataille, ce n'est pas perdre la guerre, surtout quand on a cinquante bataillons stationnés un peu partout dans la province. Il peut arriver qu'une torpille atteigne un flanc ou qu'un glissement de terrain brise la ligne d'horizon d'une devanture. Le bon général apprend dans l'adversité; il continue d'avancer vers son objectif même si, des fois, une corneille se décharge le ventre sur son insigne honorifique. Nous ne devons pas enterrer nos talents dix pieds sous terre ni nous priver des immenses pouvoirs s'ennuyant d'agir dans notre esprit. Le plus grand territoire à développer, quelqu'un l'a déjà dit, se trouve entre nos deux oreilles.

Pour trouver les réponses aux équations d'affaires, ce n'est pas toujours aussi facile que d'additionner $2 + 2$. Et il ne faut pas s'attendre à ce que nos questionnements trouvent une seule bonne réponse. Il faut desserrer ses ornières lorsqu'on est du genre à ne pas vouloir changer de sorte de fromage dans le croque-monsieur. Les journées ne finissent pas toujours par un baiser du prince charmant; il faut donc s'attendre à ce qu'un plongeur démissionne pendant la grand-messe ou qu'un plombier oublie de visser le bouchon d'égout en plein vendredi midi. Il faut prendre l'habitude de demander au lieu de donner des ordres parce que la nouvelle génération veut collaborer et non se sentir comme des marmots qu'on oblige à faire leur lit. Il faut célébrer les bons coups, en faire tout un plat, comme dirait Zézette la Française, parce que la reconnaissance stimule la performance et parce que, chez les cadres contemporains, l'instinct de compétition est plus fort que l'envie de rester accroché au mur. Il faut se méfier des idées préconçues car, bien souvent, l'élégance Armani n'est pas enfilée sur la bonne corpulence.

Il faut toujours choisir de la nourriture de première qualité, car c'est elle qui ramène le client à la table. C'est elle qui laisse le meilleur goût sur la langue lorsque le ventre a complété son effort de digestion. Il faut être prudent lorsque l'entreprise roule pleins gaz parce que plus ça va vite, moins on voit loin. Il est essentiel d'écouter le silence; c'est souvent lui qui est le plus bavard au sujet des choses importantes de l'organisation. C'est lorsque plus personne n'a besoin de soi qu'on devient un bon patron. Mais attention, il ne faut pas faire l'erreur de penser qu'on va travailler moins lorsqu'on aura réussi à grimper sur une colline de succès; il y a toujours une nouvelle ville en construction dans la tête d'un entrepreneur.

Quand j'ai commencé à tourner des œufs sur la plaque chauffante de Côte-Vertu, mon objectif était de réussir à nourrir mes enfants, puis il est devenu d'avoir des Cora partout au Québec. Maintenant que la province est remplie, l'objectif est d'en ouvrir partout au Canada, et demain, c'est facile à deviner, ce sera partout en Amérique. Il serait tentant de conclure que ma plus grande réussite, c'est d'avoir finalement, dans mon assiette, un déjeuner-futur à la hauteur de ma gourmande nature. Mais, comme l'expliquait le grand Pinard à la télé l'autre soir, j'aurais l'impression d'être une seiche vous projetant sa petite poche d'encre pour vous embrouiller la vue. La vérité en ce qui concerne mon succès, c'est que Déjeuner Cora m'a enseigné comment accéder au paradis de paix caché au fond de mon cœur. Et lorsque je m'y complais, je n'ai plus l'obligation de conquérir quoi que ce soit; heureuse, je me suffis à moi-même. Là, dans cet éden d'abondance, l'échec est une pure fiction; la grâce est inconditionnelle et il n'y aura jamais plus de jugement. Dans ce paradis, la supériorité n'existe pas et la mort n'est qu'une mutation de forme. Lorsque j'accepte d'ouvrir toutes grandes les portes de ce paradis, il n'y a que l'amour et c'est ainsi que je choisis de vivre.

67

Lettre à ma mère

Chère maman,

Tu dois être très surprise de recevoir enfin un signe de vie de ma part. Depuis ta mort, et sans doute bien avant, tu as sûrement compris mon ressentiment à ton égard. Je t'en ai voulu, je t'ai haïe, maman, détestée, et je ne voulais même plus me souvenir un seul instant de ce que tu avais l'air. À ta mort, j'étais soulagée; je t'ai regardée avec froideur, à la morgue, lorsqu'on m'a obligée à t'identifier. C'était bien toi, ce crâne éclaté et sanglant comme l'avaient été tes mains toute ma vie durant. Je n'ai pas pleuré et je t'ai immédiatement oubliée en m'éloignant du marbre glacial sur lequel on t'avait étendue. Par la suite, j'ai refusé de parler de toi, sauf quand il s'agissait de t'accuser de toutes les difficultés à vivre que j'éprouvais et que j'associais à ta propre insatisfaction de vivre. Je te détestais, maman, de nous avoir légué un tel malheur et j'ai souffert très longtemps, perdue et angoissée dans mes réflexions, craignant plus que tout au monde de te ressembler. Aujourd'hui, je pleure encore juste à prononcer ce mot de maman! Maman! Ma maman. Je souffrais tellement que j'ai même privé mes enfants de ce mot sublime; des caresses, des câlineries et des petites douceurs associées à ce terrible mot dont j'avais moi-même été privé.

L'odyssée qui me ramène dans tes bras, maman, est une très longue histoire à raconter. Du royaume où tu es, tu l'as probablement suivie. Tu ne pouvais pas intervenir, je le sais, car tu es probablement encore incapable de parler de ces choses-là. Mais tu sais ce qui m'est arrivé; tu connais ma souffrance et l'angoisse qui m'a emprisonnée dans le noir. Tu connais cet invivable sentiment d'inaptitude que j'ai transporté une grande partie de ma vie. Tu m'as toi-même toujours encouragée à ne rien entreprendre, à me contenter du petit pain rassis que le destin, selon tes mots, avait baratté pour ta progéniture. Tu m'as découragée à plusieurs reprises, maman; à chaque nouvelle ouverture de restaurant, tu t'es insurgée contre ma hardiesse. De ton paradis, tu m'as traitée d'orgueilleuse et tu m'as menacée des feux de l'enfer pour mater mon audace. Pauvre maman, je te comprends enfin! La vérité c'est que tu avais peur pour moi; tu voulais que je diminue le nombre de mes activités pour ainsi diminuer le risque d'être, comme toi, déçue par la terrible fatalité. C'est du passé, maman; je ne t'en veux plus et je te comprends. J'ai fait l'effort de marcher dans le sillon de ces souffrances, d'essayer de me souvenir et de remonter jusqu'au berceau. Et je t'y ai vue, maman, malheureuse, frustrée et enragée, mais sans que tu l'exprimes. Toi aussi, tu étais seule avec tes secrets, avec tes rêves, avec tes désirs, et il n'y avait personne pour t'aider, je le sais. Tu as été déçue de ton mariage, tu as vite compris que la vie serait un calvaire à endurer et que rien ne changerait ta destinée. Désespérée, tu as même arrêté de prier; je le sais, je t'entendais maugréer contre la Vierge des images pieuses. Tu t'étourdissais dans les tâches ménagères et, malgré la douleur des mains, frotter est devenu le seul verbe capable de te définir. Alors que l'écriture, la littérature, l'enseignement et les arts t'intéressaient, ta révolte passive s'est exprimée dans le polissage du carrelage rugueux de nos cuisines. Probablement à cause de cette morbide culpabilité qui assiégeait ton cœur, tu t'es toi-même punie, maman. Tu t'es flagellée pour avoir ressenti ces magnifiques désirs de connaissance. Tu aurais voulu t'exprimer autrement, mais on t'avait appris que les femmes doivent se taire et être au service des autres. Tu t'es fourvoyée, maman, parce que ta résignation n'a servi à rien. Tu le savais probablement et tu nous as laissés t'accuser; tu es devenue mon malheur, ma malchance et tu as tout fait pour amplifier la gaffe monumentale de mon mariage avec l'importé, comme tu l'appelais. Mais où étais-tu, maman, à ce moment-là? Tu te souviens? Tu n'étais pas bien, alitée encore une fois dans ta maladie imaginaire. Tu m'as laissée manquer mon union et j'ai souffert exactement comme toi de l'isolement dans lequel la tristesse nous emmure. Mais c'est du passé, maman!

Peux-tu comprendre qu'aujourd'hui, à plus de cinquante ans, j'ai encore besoin que tu m'aimes?

Peux-tu t'imaginer que j'ai le désir de recommencer ma vie avec toi, maman? J'ai besoin que tu me berces et que tu chantes pour m'endormir. J'ai besoin que tu me trouves belle, que tu m'aides et que tu m'expliques toutes ces choses que je ne comprends pas. Tu as supposé que je savais, maman, sans vérifier de peur d'être obligée de m'expliquer ces terribles mystères de la vie. À chacune de mes questions de fillette, tu m'as planté un couteau dans le cœur, maman; parce que chaque fois j'ai conclu que je ne valais pas la peine que tu prennes le temps de m'expliquer, et c'est cela qui m'a le plus fait souffrir. Souviens-toi, maman, je ne t'ai jamais répondu que je savais et tu n'as jamais insisté. Je t'ai détestée pour cela, maman. Mais c'est du passé; aujourd'hui, je comprends. Aujourd'hui je sais pourquoi tu agissais ainsi : tu ne savais pas, toi non plus, la différence entre le bien et le mal. Comment aurais-tu pu savoir? Grand-mère Joséphine ne parlait pas de ces choses-là. Il n'y avait personne d'autre pour te les apprendre et tu n'as pas osé demander. Tu as eu honte et tu as préféré cacher ton ignorance en supposant, à ton tour, que quelqu'un d'autre se chargerait d'instruire tes enfants. J'ai souffert de ne pas savoir, de ne pas avoir de principes et de ne connaître aucune règle. J'ai été confuse, très longtemps, en pensant que tout était permis et en même temps que Dieu nous surveillait très étroitement. J'ai souffert de ta passivité, maman, mais c'est du passé; je ne t'en veux plus. Je suis devenue adulte maintenant et j'ai appris à vivre dans le doute; à force de chercher la vérité, j'ai développé ma propre philosophie de la vie. Mais je comprends ta conduite; j'ai fait un peu la même chose avec mes jeunes enfants. Je leur ai offert un cœur vide d'amour; et je les ai déroutés bien souvent par mon mutisme de bonne épouse. Je te comprends, maman, et réjouis-toi d'apprendre que je m'en suis sortie! Je me suis débattue, j'en ai bavé, j'ai divorcé et, à cause de ça, j'ai dû gagner ma vie à la sueur de mon front, comme tu disais si bien. Mais justement c'est là que nous différons, maman, puisque cette misère pour survivre m'a obligée à cheminer et m'a contrainte à assumer l'entière responsabilité de ma vie et de celle de mes trois jeunes enfants. «L'importé» est retourné dans son pays en me laissant toute la place, maman. Toi et papa étiez déjà morts et je n'avais plus personne à accuser. J'ai pleuré comme toi des nuits entières en cousant dans de vieux tissus. Les yeux rougis, je suspendais à l'aube la nouvelle marinière du petit Titan dans l'encadrement de la porte de sa chambre, comme tu le faisais pour nous, maman, je me souviens. J'ai pleuré toute seule, mais l'obligation de nourrir mes enfants ne m'a pas permis de sombrer trop longtemps. J'ai pleuré et je me suis guérie à force de me concentrer sur cette terrible histoire; en écrivant et en repassant mentalement toutes les étapes de ma croissance, j'ai appris, maman. À force de ne pas comprendre, j'ai finalement compris. J'ai affronté le néant, je me suis débattue dedans; j'ai crié, maman, comme une petite fille de quatre ans devant les monstres que j'y voyais. À quatre ans, on ne comprend pas que le corps de notre mère n'est pas toujours le paradis terrestre. Et le tien, malade, vivait tellement ailleurs, tellement éloigné de notre cuisine familiale. Tu ne pouvais pas nous aimer parce qu'un étrange diable avait pris possession de ton cœur. Je comprends, maman; les lutins biscornus ont essayé de m'envahir, moi aussi. Je connais ce genre d'assaut malsain.

Tu nous as perturbés, maman, et j'ai perturbé mes enfants à mon tour avec cette grande absence de bonheur dans leur vie. Mais c'est fini maintenant. Nous sommes toutes les deux délivrées. Souris, maman, pleure et réjouis-toi parce que j'ai enfin compris que le bonheur vient de l'intérieur. Tu n'es fautive en rien, car ce n'était pas à toi de me donner le bonheur, mais à moi-même de découvrir où il se cache depuis le début.

Ne t'inquiète plus pour moi, maman. Aujourd'hui je sais d'instinct ce que j'ai à faire. J'ai entrepris de construire une immense cuisine à l'intérieur de laquelle tous les membres de la famille pourront être accueillis, réconfortés, nourris, où ils pourront découvrir leur potentiel et avoir confiance en eux-mêmes. Oui, c'est probablement à cause de toi, maman, et parce que notre vie de famille a été difficile que je me retrouve dans ce métier de l'hospitalité à entrouvrir les bras, à nourrir et à essayer de satisfaire tous ceux qui s'attablent maintenant chez nous. Certains docteurs de l'âme diront peut-être que c'est l'idéalisation de mes propres désirs de petite fille qui est à l'origine de mon leadership. Peu importe, maman. Peu importe que j'aie voulu démontrer que, malgré le modèle boiteux, j'étais capable de faire mieux, meilleur et pour plus longtemps. J'ai dressé une grande table, maman; j'ai rassemblé des centaines de personnes autour d'une cause commune, créatrice et enrichissante. Je suis fière et satisfaite, maman, d'avoir créé ici-bas un repas qui sera encore offert lorsque je t'aurai rejointe dans ton paradis. Ne t'inquiète plus, maman, je suis riche, puisque que j'ai découvert que nourrir les autres avait réussi à assouvir toutes les cellules de mon cœur.

Aujourd'hui, en t'écrivant, je revis. Je recommence ma vie. J'ai trois ans et je suis une jolie petite fille blonde aux cheveux bouclés, j'ai de beaux grands yeux verts et, déjà, je suis très habile à faire des choses avec mes mains.

Je joue, maman, je ris aux éclats avec mes petits-enfants. Nous faisons des balades en décapotable, nous nous racontons des histoires et ma maison est remplie de jolis jouets. J'ai une collection d'oursons bruns, des lapins blancs, un tigre blond et un petit singe beige avec le bout des pattes noirs. J'ai aussi, dans le salon, une immense grenouille en plâtre vert et un beau gros colley de porcelaine. Ne t'inquiète pas, maman. Quand on a compris, la vie n'est plus difficile. Être maman, c'est être amour; être amour, c'est comprendre. Et comprendre, ça vient juste après la grande incompréhension; c'est la sortie du tunnel et l'entrée dans une lumière plus puissante que tous les néants du monde.

Chère maman, je pleure de joie en t'écrivant tellement je suis contente d'être née. Je te remercie d'avoir été ma maman, exactement comme tu as été, parce que ça m'a permis de devenir qui je suis. Et peut-être t'es-tu justement sacrifiée par amour, par amour pour moi, pour que j'arrive ici-bas et que j'y découvre autant de bonheur.

Merci, maman, de m'avoir transmis ton amour de l'écriture, de la littérature et de l'enseignement.

Tu m'as aussi légué ton talent de couturière et avec lui le pouvoir magique de tout réussir avec mes mains. Tu m'as donné ta capacité d'organisation, ta forte carrure, ta chevelure abondante et magnifique, ta résistance aux contrariétés, à la douleur et aux méchancetés des autres. J'ai hérité de ton endurance à toute épreuve, de ta surprenante force physique, de ta patience d'ange, de ton sens de l'économie et de ton extraordinaire force d'abnégation. Tout cela m'a servi et je suis contente de te ressembler, maman. Je t'aime, je t'aime enfin, maman, et c'est la plus sublime des émotions. Je veux grandir avec toi maintenant, je veux que nous apprenions ensemble, que nous expérimentions ensemble et que nous partagions nos découvertes, maman!

Il n'y a que l'amour et je sais maintenant que le monde est rempli de mamans qui, elles aussi, se souviennent des douleurs libératrices de leur évolution. Il n'y a que l'amour, maman, et chaque fois qu'un humain se trouve devant l'urgence d'un acte créatif, il avance vers la connaissance de lui-même tel un nouveau-né déliant, un à un, ses talents à la lumière. La peine vient du corps, du vide, de l'énorme trou noir qu'est le manque d'amour. Mais je ne tomberai plus jamais dans ce gouffre, maman, parce que tu es là maintenant, en permanence dans mon cœur. Je t'aime, maman.

Je t'aime infiniment.

Ta fillette, Cora.

Boisbriand, avril 2001

Remerciements

Je remercie mes enfants qui, tous les trois, ont cru à ce projet d'écriture et m'ont fortement encouragée; mon ange de nouveau mari qui s'est privé de moi pendant que je pitonnais à l'ordinateur; M. Jacques Laurin qui, le premier, m'a poussée vers la publication; et, finalement, Mme Monique H. Messier, éditrice chez Libre Expression, qui fut avec moi d'une gentillesse extraordinaire.

Les droits d'auteur perçus par Mme Cora Tsouflidou grâce à la vente de ce livre seront versés à la Fondation Chez Cora déjeuners et serviront à venir en aide aux jeunes enfants dans le besoin. Pour de l'information sur la fondation ou pour offrir un don, communiquer avec :

Richard Fontaine
Franchises Cora inc.
3820, Alfred-Laliberté, 2e étage
Boisbriand (Québec) J7H 1P8
Télécopieur : (450) 435-2428
Courriel : rfontaine@chezcora.com

Vous êtes invités à faire parvenir vos commentaires ou vos questions concernant ce livre à l'auteur en adressant votre communication à :

Cora Tsouflidou
Franchises Cora inc.
3820, Alfred-Laliberté, 2ᵉ étage
Boisbriand (Québec) J7H 1P8
Télécopieur : (450) 435-2428
Courriel : cora@chezcora.com

Nous vous invitons également à visiter le site Internet de Chez Cora déjeuners : www.chezcora.com

TABLE DES MATIÈRES

Ce volume a été achevé d'imprimer
sur les presses de l'imprimerie Gagné
à Louiseville
en septembre 2001

Imprimé au Canada